Er starb – damit ich lebe

Angelika Görres

Er starb – damit ich lebe

Mit seinem Tod schickte er mich zurück ins Leben

Bibliografische Information der Deutschen Nationalbibliothek:
Die Deutsche Nationalbibliothek verzeichnet diese Publikation in der Deutschen Nationalbibliografie; detaillierte bibliografische Daten sind im Internet über http://dnb.dnb.de abrufbar.

© 2014 Angelika Görres

Herstellung und Verlag: BoD – Books on Demand, Norderstedt

ISBN: 978-3-7357-**8582-4**

Inhalt

Vorwort	6
Die Diagnose	7
Mit den Kindern durch die schwere Zeit	10
Die Chemotherapie beginnt	14
Gemeinsam durch die Therapie	16
Eine schwere Entscheidung	22
Zweifel und Schuldgefühle	25
Voller Hoffnung in die Reha	39
Dieters Sicht der Dinge	42
Die Ruhe vor dem Sturm	50
Abschied von Dieter	53
Weiterleben ohne Dieter	57
Freunde in der schlimmen Zeit	59
Tagebuch meiner Chemotherapie	65
Dieter Görres: „Der Weg in die Hölle und zurück"	74
Ein Neubeginn	85
Danksagung	87

Vorwort

Ich brauchte lange Zeit, um zu erkennen, warum mein geliebter Mann Dieter starb. Erst jetzt, wo es mit mir körperlich und seelisch langsam bergauf geht, und mein Gehirn und Körper sich von der Chemotherapie und den Bestrahlungen erholen, werden Gott sei Dank wieder Gefühle in mir wach. Gefühle, die ich lange Zeit nicht mehr hatte. Ich kann besser und besser denken und mich länger konzentrieren. Meine Nerven beginnen zwar nur langsam, aber doch stetig, sich zu erholen und zu heilen. Tag für Tag fühle ich das und es wird mir immer bewusster, was mich leben ließ: Der Tod meines geliebten Mannes hat mir das Leben geschenkt. Durch sein Sterben entband er mich von der Aufgabe, Tag und Nacht für ihn da zu sein. Für ihn zu sorgen, ihn zu pflegen. Ich wurde durch seinen Tod von allen Verpflichtungen entbunden. Jeder Tag besteht aus 24 Stunden. 24 Stunden, die mir nach dem Tod meines Mannes zur Verfügung standen, über mich und meine Krebserkrankung nachzudenken. Ich suchte nach einer Antwort auf meine Frage. Doch ich fand keine Antwort. Zwei Jahre sind vergangen, seit mir die Diagnose Brustkrebs gestellt wurde. Für mich schien es wie eine Ewigkeit. Jahre gefüllt mit seelischen und körperlichen Schmerzen, wobei ich nicht sagen kann, was schlimmer ist.

Die Diagnose

Und so fing alles an: Im August 2011 hatten mein Mann und ich ein Streitgespräch. In meiner Wut schrie ich ihn an: „Alles dreht sich nur um dich, was ist mit mir? Ich habe einen Knoten in der rechten Brust und keine Zeit, zum Arzt zu gehen!" Mein Mann sah mich verständnislos an. Da öffnete ich meine Bluse und ließ ihn den Knoten in meiner rechten Brust fühlen. Er erschrak. Ahnte er da bereits, was es sein könnte? Unser Sohn und die Schwiegertochter waren zu Besuch. Mein Mann bat voller Angst unsere Schwiegertochter Gaby, schnellstens mit mir zum Arzt zu gehen. Von diesem Zeitpunkt an war ich nicht mehr Herr über mich. Über meinen Kopf hinweg wurde alles entschieden. Ich wehrte mich nicht, war ich doch so froh über die Hilfe. Meine Schwiegertochter nahm alles in die Hand. Sie machte sofort Termine bei der Frauenärztin und ich konnte mich nicht mehr herausreden.

Vor meinem inneren Auge laufen wie in einem Film die Ereignisse der letzten Jahre ab. Ich sehe mich am 16.8.2011 in der Praxis meiner Frauenärztin im Behandlungszimmer auf der Untersuchungsliege liegen. Gerade hatte ich ihr berichtet, dass ich einen Knoten in der rechten Brust habe, der aber wahrscheinlich von einem Sturz herrührte. Im Februar war ich bei Glatteis auf die Brust gestürzt und hatte mir sehr wehgetan. In meiner Vorstellung hatte ich nur einen Bluterguss, ich dachte, es seien Prellungen. Da lag ich nun auf der Liege und meine Frauenärztin machte eine Ultraschallaufnahme von der Brust.

Nach für mich unendlich lang dauernder Zeit sah sie mich mitleidsvoll an und sagte mit leiser Stimme zu mir: „Das ist keine Prellung Frau Görres, das ist Krebs!" Da war dieses schreckliche Wort, das ich schon so oft von anderen gehört und bei anderen gesehen hatte! Krebs! Und nun betraf es mich selbst.

Ich sah sie an wie aus weiter Ferne, hörte ihre Stimme und hörte was sie sagte. Doch seltsamerweise bekam ich keinen Schrecken. Ich hatte keine Panik und keine Angst. Nichts zog sich in mir zusammen, nichts engte mich ein, trotz dieser für einen Menschen doch so grauenvollen Nachricht. Ich blieb ganz still liegen und horchte nur in mich hinein. In Gedanken wiederholte ich ihre Diagnose: Sie haben Krebs! Brustkrebs- diese angebliche Prellung, an die ich geglaubt hatte, war in Wirklichkeit ein bösartiger Tumor.

Still lauschte ich in mich hinein und wartete darauf, dass ich in ein tiefes Loch fallen würde. Doch nichts dergleichen geschah. Stattdessen stieg in mir ein Gefühl der Befreiung und Erleichterung hoch. Ich fühlte mich frei, endlos frei, von dem Gefühl, mich um meinen Mann sorgen zu müssen. Plötzlich war ich frei von Schuldgefühlen, Pflichtgefühlen und der Sorge, nicht genug für ihn zu tun. Gedanken, die mir immer mehr in dem letzten Jahr meine Energie geraubt und mich in eine mittelschwere Depression gebracht hatten. Seit einem halben Jahr nahm ich Antidepressiva und meine Neurologin hatte mir schon einen Kurantrag mit nach Haus gegeben mit der Aussage: „Frau Görres, wenn Sie ihren Mann weiter pflegen wollen, müssen sie jetzt etwas für sich tun." Der Antrag lag unausgefüllt in der Schublade. Ich konnte doch nicht auf Kur fahren und meinen Mann für die Zeit des Kuraufenthaltes in ein Pflegeheim geben.

Vor lauter Pflichtgefühlen und Sorge um ihn war ich förmlich zu einem Körper aus Beton geworden, meine Gefühle waren wie einbetoniert.

Aber mit dieser Diagnose - Brustkrebs - durfte und musste ich jetzt an mich denken. Ich musste wieder gesund wieder stark werden. Stark für meinen Mann, der mit seiner Parkinson-Erkrankung in Pflegestufe 3 als Schwerst-Pflegefall ständig meine Hilfe brauchte. Ich musste jetzt endlich auch für mich sorgen. Um dann auch für ihn wieder gesund und arbeitsfähig zu werden. Doch statt in Angst und Panik über die Diagnose Brustkrebs zu fallen, fühlte ich eine innere Erleichterung, wie eine Befreiung. Eine neue Aufgabe wartete jetzt auf mich.

Ich wollte alles tun, um gesund und stark zu werden. Mein innigster Wunsch war es, meinen Mann mit Liebe und Freude pflegen zu können. Schließlich wollten wir noch ein paar schöne Jahre miteinander verbringen.

Nach ihrer Mitteilung, dass ich Brustkrebs hätte, fragte meine Frauenärztin, wie es mir ginge. Ich antwortete, ich sei ganz ruhig und ohne Angst. Daraufhin sagte sie einen wunderbaren Satz, den ich nie vergessen werde: „Ich begleite Sie da durch!!!" Genau dieser Satz hat mich während meiner ganzen, darauf folgenden Behandlungszeit stark gemacht. Dafür bin ich ihr dankbar. Anschließend besprach sie mit mir die Vorgehensweise meiner Behandlung. Es sollte eine brusterhaltende Operation und Therapie erfolgen. Zunächst sollte ich acht Chemotherapien im Abstand von jeweils zwei Wochen erhalten. Man erhoffte sich durch die Chemotherapie, dass der Tumor sich wesentlich verkleinern würde und man dann bei der Operation den Rest entfernen könnte. Nach erfolgreicher OP sollten dann noch 35 Bestrahlungen kommen. Ich sah dem ganzen positiv entgegen.

Mit den Kindern durch die schwere Zeit

Ich habe das große Glück, wunderbare Kinder zu haben. Meine Schwiegertochter Gaby ist eine davon, und sie führte von da an Regie. Bei allen Untersuchungen war sie dabei. Sie vereinbarte sämtliche Termine, die nach so einer Diagnose wichtig sind, und sorgte dafür, dass ich schnellstens an die Reihe kam. Von da an schien es mir so, als würde ich in eine Art Wachkoma geraten. Ich wurde immer unfähiger selbst zu handeln oder zu entscheiden. Alles ließ ich einfach nur geschehen. Weil ich in dieser Zeit in mir keine mehr Kraft mehr für eine alternative Heilmethode hatte, entschied ich mich für die traditionelle medizinische Behandlung. Schon für den nächsten Tag hatte Gaby einen Termin für die Mammographie und die so genannte „Stanze" gemacht. Bei der Biopsie wurden kleine Mengen der Tumore ausgestanzt, um die Diagnose meiner Ärztin durch das Laborergebnis später bestätigen zu können. Nach der Mammographie-Aufnahme wurde ich in einen anderen Raum gebeten, wo ich mich auf eine Liege legen sollte. Innerlich war ich bereit zu einer Gewebeprobe-Entnahme. Gaby saß zu meinen Füßen und verfolgte das Geschehen am Bildschirm. Sie litt mit mir mit, denn sie sah genau, wie die Ärztin in meine betäubte Brust stach und teils nur mühsam die Gewebeproben entnehmen konnte, weil meine Muskulatur so verhärtet war. Glücklicherweise war aber auch diese Prozedur war irgendwann zu Ende und ein paar Tage später wurde schließlich noch eine Computer-Aufnahme von Brustkorb und Bauch gemacht. Auch hier war Gaby an meiner Seite und achtete darauf, dass ich brav meine zwei Flaschen Wasser trank, während sich die radioaktive Flüssigkeit zu den Lymphknoten bewegte, wo sie bei der anschließenden Aufnahme das Gewebe sichtbar machen sollte.

Kurz darauf wurde dann ein Szintigramm gemacht. Auch alle anderen Organe wurden genau untersucht, auch um später Komplikationen während der Chemotherapie zu vermeiden. Als letztes fehlte noch eine Untersuchung meines Herzens. Es musste stark genug sein, um die Chemotherapie durchzustehen. Aber auch da hatte Gaby eine Lösung: Mein Sohn Frank sprach mit seinem Kardiologen, und schon am nächsten Tag hatte ich einen Termin. Alle Untersuchungen, die für eine Chemotherapie wichtige Grundlagen sind, waren jetzt erfolgt. Somit waren die Vorbereitungen nun innerhalb von gut 14 Tagen abgeschlossen, und ich konnte mit guten Ergebnissen zur Chemotherapie gehen. Jetzt war nur noch die Frage der Ärztin an mich, ob man die Chemotherapie intravenös über eine Armvene geben solle, oder einen Port anlegen. Sie erklärte mir die Vorteile einer Portanlage: Die Chemo-Flüssigkeit lässt sich damit risikoloser in den Körper bringen und die Venen werden geschont. Ich war einverstanden. Anfang September fuhr Gaby mich in die Klinik zur OP. Um einen Port anzulegen, muss ein kleiner Schnitt im oberen Brustkorb gemacht werden. Den Eingriff überstand ich gut, wir waren bald schon wieder auf dem Weg nach Hause.

Mir fiel auf, dass Gaby ungewöhnlich ruhig war, ich hatte das Gefühl, sie hätte etwas auf dem Herzen. Weil ich sie direkt darauf ansprach, rückte sie schließlich mit der Sprache heraus: ich solle mich nicht aufregen, aber Dieter, mein Mann, sei mit dem Notarzt ins Krankenhaus gebracht worden. Sie wollte es mir schonend beibringen. Aber mich beschlich sofort die Angst. Dieter war durch meine Brustkrebs-Diagnose in ein Loch gefallen. Außerdem konnte ich mich seit Tagen nicht mehr intensiv um ihn kümmern. Gott sei Dank hatten wir durch die Familie Hilfe. Mein Neffe Walter war uns eine große Unterstützung. Er kam in der Woche zu uns und versorgte Dieter. Dadurch wurde ich entlastet. Aber jetzt machte ich mir große Sorgen um meinen Mann, denn er war mit Atemnot ins Krankenhaus gebracht worden. Es war Mittwoch und schon am Donnerstag sollte die erste Chemotherapie beginnen. Eigentlich brauchte ich jetzt selbst Fürsorge und Motivation für den morgigen Tag. Stattdessen packte ich für Dieter Kleidung und Waschzeug ein, die er im Krankenhaus benötigte und fuhr zu ihm in die Klinik. Als ich das Krankenzimmer betrat, und ihn sah, bekam ich einen Schreck. Da lag mein geliebter Büffel. Büffel war ein Kosename, den ich Dieter gegeben hatte, als wir uns kennenlernten. Ich hatte den Film mit Lieselotte Pulver und Bernhard Wicki, die „Züricher Verlobung" gesehen. Darin nannte Lieselotte Pulver ihren Filmpartner „Büffel". Und Dieter erinnerte mich an diesen Schauspieler. Er war ein großer, starker Mann mit sehr viel Charme und konnte mit seinem Humor einen ganzen Saal zum Lachen bringen. Ich war immer stolz auf ihn. Aber jetzt lag mein starker Büffel blass und hilflos im Krankenbett. Es tat mir im Herzen weh, ihn so schwach zu sehen. Ich ging zu ihm hin und küsste ihn zärtlich. Ich sagte zu ihm: „Was machst du für Sachen? Ich mache mir Sorgen um dich!" Da nahm er meine Hand, streichelte sie und sagte zu mir: „Mach dir bitte keine Sorgen um mich. Ich bin hier im Krankenhaus gut aufgehoben. Lass du dich zur Chemotherapie fahren und anschließend kannst du dich zuhause hinlegen und ausruhen. Denn ich weiß, dass du jetzt Ruhe brauchst. Meine Pflege ist in deinem jetzigen Zustand zu anstrengend für dich." Ja, so war mein Mann. So wie ich mich um ihn sorgte, genauso sorgte er sich um mich und wollte mir helfen.

Mir kamen die Tränen und ich fragte mich innerlich: lieber Gott warum schlägt das Schicksal bei uns beiden so hart zu? Wir beide wurden regelrecht vom Schicksal außer Gefecht gesetzt. Was wir uns einmal geschworen hatten, dass wir zueinander stehen in guten wie in schlechten Zeiten, wie sollte das jetzt nur gehen? Dieses große Versprechen das wir uns gegeben hatten, wurde durch unsere beiden Krankheiten völlig außer Kraft gesetzt. Dieter war schwerstkrank und die letzten Jahre Tag und Nacht auf meine Hilfe angewiesen gewesen. Und nun war auch ich schwerkrank und bedurfte seiner Hilfe. Aber wir konnten uns nicht unterstützen. In mir war eine tiefe Hilflosigkeit. Ich wusste mir keinen Rat mehr und flehte Gott an, uns beizustehen. Immer wieder bettelte ich zu Gott. Bitte hilf uns, bitte hilf uns! Doch ich bekam keine Antwort von ihm.

Von klein auf war mein Leben von Gott begleitet. Nie war ich allein und fühlte immer seine Nähe. Er war mein bester Freund, war immer zur Stelle, wenn ich ihn brauchte. Aber wo war Gott jetzt? Ich hatte viele Fragen. Doch ich bekam keine Antwort. Ich dachte nach, wie ich meinem Mann in dieser Situation helfen konnte. Da ich noch keine Chemo bekommen hatte, ging es mir körperlich gut. Und so versuchte ich meinen Mann mit Worten zu motivieren: „Wir haben so viel schon geschafft und wir schaffen es jetzt auch. "Ich sah in seinen Augen die Liebe zu mir und auch eine kleine, aufkeimende Hoffnung. Meine Worte gaben ihm Mut. Mit Tränen in den Augen lächelten wir uns an und träumten gemeinsam von unserer Zukunft. Wir malten uns die Zukunft in den schönsten Farben aus. Ralf und Marlies, unsere Kinder, hatten angeboten, zu ihnen ins Haus zu ziehen. Es tat so gut, mit Dieter zu träumen. Als ich mich von ihm verabschiedete und nach Hause fuhr, war in mir neue Hoffnung. Ich war davon überzeugt, dass wir es schaffen würden. Doch ich hatte die Rechnung ohne die Wirkung der Chemotherapie gemacht. Noch ging es mir ja körperlich gut. Ich ahnte nicht, dass sich das sehr bald dramatisch ändern würde.

Die Chemotherapie beginnt

Ich wusste Dieter im Krankenhaus gut aufgehoben, war überzeugt, er sei dort bestens versorgt. Am nächsten Morgen wurde ich mit einem Taxi zur ersten Chemotherapie gefahren. Ich war gut gelaunt und fröhlich. Der Taxi-Fahrer wusste von meiner Krebserkrankung, denn er fuhr jeden Tag Krebspatienten zur Chemotherapie oder Bestrahlung. Er wunderte sich über meine Fröhlichkeit. Für ihn war es offenbar beklemmend. Er fühlte sich wohl wie ein Henker, der mich zum Schafott brachte. Doch ich war voller Hoffnung und Zuversicht. Ja, ich sah ruhig in die Zukunft. Und ich freute mich auf die Chemotherapie, denn sie sollte ja meine Krebs-Zellen zerstören. Der Taxifahrer hielt vor der Praxis an und ließ mich aussteigen. Er sah mich mitfühlend an und wünschte mir alles Gute. Nachdem ich mich bedankt hatte, sagte ich noch – wie um ihn zu beruhigen – „Es wird alles gut." Dann ging ich in die Praxis und wurde dort von einer der drei betreuenden Schwestern freundlich empfangen und in den Behandlungsraum geführt. Dieser Raum, in dem ich für die nächsten Wochen die Chemotherapie bekommen sollte, war wie ein Wohnzimmer eingerichtet. Mit bequemen Liegesesseln ausgestattet, die Wände waren in blau

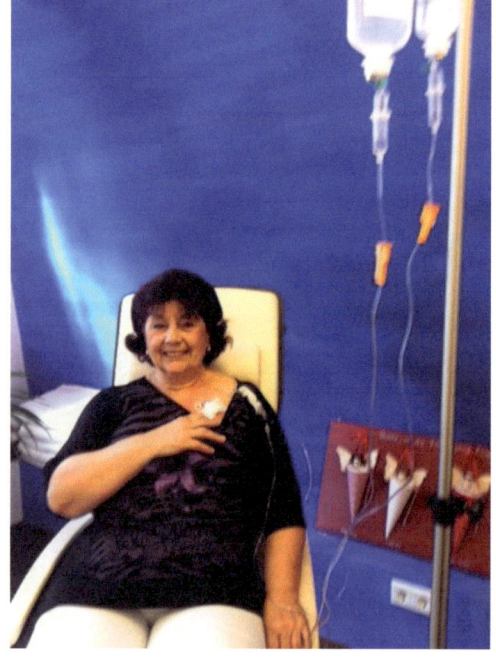

und weiß gestrichen, grüne Palmen verschönerten den Raum. Neben jedem Sessel stand ein kleiner Tisch, auf dem uns Patienten Kaffee, Tee oder Wasser serviert wurde. Wir wurden gleich von mehreren Schwestern umsorgt. Ich kam mir wie in einer großen Familie vor und fühlte mich auf Anhieb wohl. Auch die junge Ärztin war eine wunderbare, einfühlsame Frau. Sie nahm selbst das Anlegen der Infusion vor und stach in den Port. Das tat nicht weh und sobald ich angeschlossen war, schob ich meinen Infusionsständer zu meinem Sessel hin und machte es mir bequem. Inzwischen hatte sich der Raum mit weiteren vier Patientinnen gefüllt, wir machten uns miteinander bekannt.

Gemeinsam durch die Therapie

Es ist ein schönes Gefühl, nicht allein krank zu sein, sondern die Krebserkrankung mit anderen zu teilen. Das schweißt zusammen und wir verstanden uns gut. Wir machten sogar Witze über die Chemotherapie und sagten: „Jedem Alkoholiker wird die Flasche weggenommen aber uns trichtert man sie ein." Wir hatten immer noch Humor und lachten viel. Zu dieser Zeit dachte ich noch, jetzt würde alles gut werden. Die Chemotherapie vernichtet meinen Tumor und Dieter wird im Krankenhaus wieder auf die Beine gebracht. Wir haben zwar einen Schicksalsschlag hinnehmen müssen, aber wir kommen aus diesem tiefen schwarzen Loch wieder raus. Ich stellte mir in Gedanken ein tiefes Erdloch vor, in dem wir beide gefangen saßen. Und dann stellte ich mir eine Leiter vor, die aus diesem Erdloch hinaus führte. Auf dieser Leiter kletterten wir wieder aus dem schwarzen Loch heraus und dann würde eine wunderschöne Zeit für uns beginnen. Auch wenn Dieter sein Leben lang im Rollstuhl sitzen müsste. Ich würde wieder

gesund werden und ihm das Leben so angenehm wie möglich machen. Für mich war es das Wichtigste, dass wir zwei zusammen waren. Gaby holte mich nach der Chemotherapie mit dem Auto ab. Wir hatten ausgemacht, dass ich nach jeder Chemotherapie zwei Tage zur Vorsicht bei Frank und Gaby bleibe und erst dann wieder nach Hause fahre. Als Gaby in den Behandlungsraum kam, um mich abzuholen, wunderte sie sich über die gute Stimmung der Kranken. Ich erzählte ihr, dass das Cortison, das über die Infusion eingespritzt wird, den Körper in eine vorgetäuschte Hochstimmung bringt.

Ich sagte zur Gaby: "Ich fühle mich so stark, ich könnte euren Garten umgraben!" Was ich natürlich nicht tat. Als ich zwei Tage später wieder zuhause war, fuhr ich sofort ins Krankenhaus, um nach Dieter zu sehen. Zwischendurch hatten wir telefoniert, so dass er über meinen Zustand informiert war. Als ich ihm sagte, dass ich die erste Chemotherapie gut vertragen hätte, war er sichtlich erleichtert. Auch Dieter selbst ging es etwas besser. Nach seinem Krankenhausaufenthalt wollte er in eine Kurzzeitpflege gehen, um mich zu entlasten und damit ich die Chemotherapie besser überstehen würde. Anschließend war für Dieter eine REHA-Maßnahme in Hilchenbach geplant. Es sah also alles positiv aus. Aber es kam anders, ganz anders. Dieter wurde aus dem Krankenhaus mit einem Befund entlassen, der lautete: „Mittels krankengymnastischer Übungsbehandlung wurde Herr Görres im Rollstuhl mobilisiert. Bezüglich des M. Parkinson wurde bei klinischem Verdacht auf eine nur unzureichende medikamentöse Einstellung die neurologischen Kollegen hinzugezogen mit der Empfehlung der Dosissteigerung. Bei häuslichen Versorgungsproblemen wurde der Sozialdienst eingeschaltet. Im Anschluss an diesen stationären Aufenthalt wurde zunächst eine Kurzzeitpflege organisiert. Unter intensiver Physiotherapie konnte die Mobilität des Patienten hier erheblich verbessert werden, eine Fortsetzung im ambulanten Bereich ist daher dringend anzuraten." Das hörte sich alles gut an. Nur hatte nicht der Sozialdienst vom Krankenhaus die Kurzzeitpflege organisiert, sondern ich hatte mich selbst darum gekümmert. Mein Mann wurde freitags vom Krankenhaus aus krank - mit einer beginnenden Sepsis - in die Kurzeitpflege nach Bedburg verlegt. In seinem Befund wurde gar nicht darauf hingewiesen, dass er eine eitrige Entzündung im Genitalbereich hatte, die aufgrund nicht ausreichend steriler Katheder Legung verursacht worden war. Zu dieser Zeit war mein Mann in keinster Weise mobil. Schon Samstagnacht begann er mit 39 Grad zu fiebern und klagte über Schmerzen sowohl im Genitalbereich als auch in der Brust. Dazu litt er unter Atemnot. Als ich ihn mit meinem Sohn Ralf am Sonntag besuchte, hatte sich sein Zustand noch mehr verschlechtert. Er hatte hohes

Fieber und klagte immer noch über Schmerzen und Atemnot. Dieter berichtete, dass er schon im Krankenhaus Schmerzen im Genitalbereich hatte und sich auch dort Eiter absonderte, was ja eigentlich auf eine schwere Infektion hinwies. Dieter erzählte weiter, dass das Personal sich nicht darum gekümmert hätte, sondern sehr rau mit ihm umgegangen sei. Mein Mann war in Not und bekam kaum noch Luft. Das Fieber stieg, er wurde ständig verwirrter. Sofort informierten wir das Personal, die riefen endlich den Bereitschaftsarzt. Der Arzt war schnell zur Stelle und untersuchte meinen Mann. Danach sagte er ernst: „Ich vermute eine Lungenentzündung. Ihr Mann muss sofort ins Krankenhaus."

All das geschah so schnell, dass ich es kaum begreifen konnte. Unter der Aufsicht eines Notarztes brachte man Dieter ins Krankenhaus nach Bedburg. Mein Sohn Ralf und ich fuhren direkt hinter dem Rettungswagen, der das Blaulicht eingeschaltet hatte. In mir waren tausend Fragen: Wie konnte das geschehen? Dieter hatte doch so großes Vertrauen in die Ärzte vom Krankenhaus gelegt. Getragen immer von der Hoffnung, durch sie wieder auf die Beine zu kommen. Es hatte ja am Anfang auch gut ausgesehen. Aber wie konnten die Ärzte meinen Mann in seinem schlechten Gesundheitszustand ruhigen Gewissens in die Übergangspflege entlassen? Und dann noch im Bericht schreiben „die Mobilität des Patienten konnte erheblich verbessert werden"? Ich fragte mich: Für welchen Patienten wurde hier ein Bericht geschrieben? Sicher nicht für meinen Mann. Wo war der Arzt, der nur zum Wohle des Patienten arbeitet? Im Falle meines Mannes traf es in keiner Weise zu. Was in der Krankenhauspflicht versäumt wurde, darunter musste er jetzt leiden. Ich versuchte die Wut, die mich beschlich, unter Kontrolle zu bringen. Denn inzwischen waren wir im Bedburger Krankenhaus angekommen. Wir wurden in einen Raum geführt, in dem Dieter notfallmäßig sofort versorgt wurde. Er war mittlerweile im Gesicht blau angelaufen und wurde sofort auf die Intensivstation verlegt. Dort wurde an ihm gearbeitet, diese Ärzte taten wirklich alles, um ihn zu retten.

Ich konnte nicht fassen, was ich hier erlebte. Es war wie in einem Alptraum und ich hoffte nur, bald daraus zu erwachen. Alles hatte doch so gut ausgesehen, wir hatten wieder Hoffnung gefasst und uns auf die Zukunft gefreut. Wir waren der festen Überzeugung gewesen, dass sich das Schicksal nun wenden würde. Jetzt kam ich mir so klein und hilflos vor und hatte das Gefühl, ich könnte mich gegen die Prügel, die ich vom Schicksal bekam, nicht wehren. Ich, die immer für alle Freunde in Not die richtigen Lösungen wusste, und so vielen schon geholfen hatte, konnte nun mir selbst nicht helfen. In mir war es dunkel, so dunkel wie in einer Kerkerzelle. Kein Licht kam herein. In dieser tiefen Not hatte ich doch noch die Kraft zu Gott zu beten. „Lieber Gott, ich fühle mich so hilflos und allein. Ich weiß mir keinen Rat mehr. Darum lege ich unser Schicksal in deine Hände, bitte hilf uns!" Es war mir ernst, ich wollte nicht mehr nach Lösungen suchen, sondern alles dem Schicksal überlassen. Zu dieser Zeit ahnte ich nicht einmal, welche Prüfungen ich noch vor mir hatte. Dieter lag nun auf der Intensivstation und die Ärzte versuchten alles, um ihn zu retten. Doch sie machten uns wenig Hoffnung und schickten uns nach Hause. Ralf brachte mich heim, verabschiedete sich und dann war ich allein in unserem Haus, das mir plötzlich viel zu groß vorkam. Allein mit Bonny, meinem kleinen Rehpinscher. Ich versuchte, die schlechten Gedanken, die mich quälten, wegzuschieben. Ja - und Bonny lenkte mich ab. Er schmiegte sich an mich und legte seine Pfote auf meine Hand. Dann leckte er meine Hand, so als ob er mir zeigen wollte, „ich bin doch bei dir". Ich fühlte sein weiches Fell und sah in seine wunderschönen braunen Augen, mit denen er mich ansah als würde er mich verstehen. Ich war so froh, dass Bonny bei mir war. Auch diese Nacht ging vorbei. Am Morgen rief ich auf der Intensivstation an und erkundigte mich voller Sorge nach dem Zustand meines Mannes. Er hatte die Nacht überlebt, doch sein Zustand sei weiterhin kritisch, hieß es. Ich hörte nur, was ich hören wollte, und das war: „Ihr Mann lebt!" Als ich nachmittags ins Krankenhaus fuhr, wartete schon der Chefarzt auf der Intensivstation auf mich und erklärte mir Einzelheiten zu dem kritischen Zustand meines Mannes. Dieter hätte eine pneumogene Sepsis mit intensiv-pflichtigen Komplikationen. Pneumokokken hatten bei ihm eine Blutvergiftung ausgelöst. „Wir versuchen alles, um das in den Griff zu bekommen. Im Augenblick schlagen die Medikamente leider noch nicht an."

Ich fühlte mich hilflos, aber ich musste mit dieser Aussage zufrieden sein. Dieter lebte und nur das war wichtig für mich. Ich gab die Hoffnung nicht auf, dass ein Medikament gefunden wird, das die Sepsis stoppen könnte. Gleich ging ich an sein Bett und begrüßte ihn liebevoll. Er war schwach und hatte die Augen geschlossen. Ich fand keine tröstenden Worte, weil mich doch die Sorgen um ihn innerlich ausfüllten. Am wichtigsten war wohl, dass ich einfach bei ihm war. Und das spürte er. Ich sah ihn an. Da lag er nun angeschlossen an viele Apparate und aus jedem der vielen Schubladen wurden die Medikamente intravenös in seinen Körper transportiert. Doch bis jetzt schlugen diese Medikamente nicht an. Der Arzt versuchte, mich zu beruhigen und erklärte mir, dass man gerade im Labor alles versuchen würde, um das Antibiotikum zu finden, das den Verlauf der Sepsis stoppen würde. Es wurde ein Rennen gegen die Zeit. Montags, dienstags und auch am Mittwoch saß ich an seinem Bett und musste mit ansehen, wie es ihm immer schlechter ging. Es war keine Besserung in Sicht. Alle Versuche, ein geeignetes Antibiotikum zu finden, schlugen fehl. Ich saß an seinem Bett und durfte ihm nicht zeigen, dass ich am Ende meiner Kraft war, ich hatte keine Lösung und war auch nicht in der Lage dazu, ihm Mut zuzusprechen.

Ich konnte ihn nur streicheln und ihm in Gedanken meine Liebe geben. Wie sehr hätte ich jetzt seinen Zuspruch gebraucht! Denn schon am nächsten Tag sollte ich die zweite Chemotherapie bekommen. Ich fühlte mich so schlapp. Ich spürte, die Sorge um Dieter nahm mir meine Kraft. Was sollte ich ihm sagen? Wie konnte ich ihm Hoffnung machen? Ich konnte ihn nur zärtlich streicheln, ihm die Stirn küssen und seine Hand fest in meiner halten. Innerlich rief ich Gott um Beistand an: „Bitte hilf Dieter!" Die Ärzte machten mir nicht viel Hoffnung. Sie sagten, wenn wir die Sepsis nicht in den Griff bekämen, müssten wir mit dem Schlimmsten rechnen. Da war sie wieder, die Angst, die ich vor zehn Jahren schon mal um Dieter gehabt hatte. Damals hatte er einen Herzinfarkt erlitten. In der Nacht hatte ich Gott angefleht, ihn zu retten, und Dieter wurde gerettet. Ich glaubte an Gott und war mir so sicher, er würde uns auch diesmal nicht im Stich lassen. Denn nun hatten wir beide eine schlimme Krankheit. Aber Gott würde uns nicht sterben lassen. Er würde uns retten. Mit diesen Gedanken versuchte ich mir Mut zu machen und fuhr - innerlich zitternd und aufgewühlt - nach Hause. Dort kam ich in ein leeres Haus. Es war keiner da, der mir hätte helfen können. Nur mein kleiner Hund, der braune Rehpinscher Bonny wartete auf mich. Er war in dieser schweren Zeit mein Lebensretter und mein Sonnenschein. Bonny schaute mich mit seinen großen braunen Augen fragend an. Es schien mir, als spürte dieser kleine Kerl, dass etwas Schreckliches in der Luft lag. Ich ging mit Bonny Gassi und versorgte ihn mit Futter. Dann rief ich die Kinder an und sagte ihnen, wie es um Dieter stand. Er war nicht ihr leiblicher Vater, aber sie liebten ihn wie einen Vater. Sie baten mich, sofort anzurufen, wenn etwas geschehen würde. Ich versuchte, sie zu beruhigen und versprach in jedem Fall sofort anzurufen. Ich hatte keinen Appetit. Mein Magen war wie zugeschnürt und so ging ich zeitig ins Bett. Bonny begleitete mich. Dieter hatte bei uns im Haus ein spezielles Krankenbett, und auch ich hatte von Ralf und Marlies das Krankenbett ihres Vaters bekommen. Beide hatte ich zusammengestellt, damit wir auch in diesen schweren Tagen nebeneinander wie ein Ehepaar schlafen konnten. An diesem Abend legte ich mich in Dieters Bett, um ihn zu spüren. Bonny lag bei mir. Irgendwann schlief ich ein. Es war 22:15 Uhr als mich das Klingeln des Telefons aus dem Schlaf riss. Ich fiel fast aus dem Bett, und mich beschlich ein schreckliches Gefühl. Ging es um Dieter?

Eine schwere Entscheidung

Es war der Arzt der Intensivstation des Bedburger Krankenhauses. Er fragte, ob ich die Ehefrau von Dieter Görres sei, was ich bejahte und sagte dann wörtlich: „Ihr Mann kann nicht mehr selbständig atmen, und da Sie keine Patienten-Verfügung haben, müssen Sie jetzt entscheiden. Sollen wir ihn an die Herz-Lungen-Maschine anschließen, oder keine Maßnahme ergreifen und ihn in Frieden gehen lassen? Ich sage Ihnen aber gleich: auch wenn wir es schaffen, Ihren Mann ins künstliche Koma zu versetzen, wird das nichts bringen. Ihr Mann wird es nicht schaffen, wieder selbst zu atmen. Und die Beatmung ist eine Quälerei für ihn." Ich stand da wie vom Donner gerührt, konnte nicht reagieren. Dieser Arzt verlangte von mir, über Leben und Tod zu entscheiden. Und das bei einem Menschen, den ich liebte und brauchte. Dann war da noch diese andere Aussage vom Arzt, die mir nicht aus dem Sinn ging: „Selbst wenn es uns gelingt, ihn an die Beatmungsmaschine anzuschließen, gibt es doch kaum Hoffnung, dass er wieder selbständig atmen kann." Ich kann nicht beschreiben, was in diesen Sekunden in mir vorging. Ich fühlte mich leer, unendlich leer, und ausgelaugt. Wie sollte ich mich entscheiden? Dieter soll leben oder Dieter soll sterben? Was ist, wenn ich mich für die Beatmung entscheide, und Dieter trotzdem stirbt, aber vorher unendlich leiden muss? Ich war verzweifelt und schrie den Arzt am Telefon an. „Ich bin doch nicht Gott und Sie können doch nicht von mir verlangen, dass ich über das Leben oder Tod meines Mannes entscheide!" Der Arzt sagt nur: „Doch, genau Sie! Sie müssen jetzt die Entscheidung treffen. Sollen wir versuchen, ihn zu beatmen oder nicht? Ich stand nicht auf meinen Beinen. Mein Kopf war leer und ich wackelte hin und her, ich war nicht mehr da. Der Arzt brüllte mir ins Ohr, ich sollte mich doch gefälligst jetzt endlich entscheiden, ob und wie er handeln solle. Denn er müsse schnellstens die notwendigen Maßnahmen ergreifen. Ich war innerlich wie zu einer Betonsäule erstarrt. Mein Gehirn funktionierte nicht mehr. Ich konnte nicht mehr denken, nicht mehr reagieren. Es waren nur ein paar Sekunden. Aber mir kam es wie eine Ewigkeit vor. In meiner Not rief ich nach Gott, und da wurde es still in mir, ganz still. Eine tiefe Ruhe erfüllte mich und in diese Ruhe horchte ich hinein. Da geschah es: Ich hörte Dieters Stimme: „Ich will leben!!!" - Immer wieder - „Ich will leben!"

Da schrie ich dem Arzt ins Telefon „Mein Mann will leben, mein Mann will leben! Retten Sie ihn!" Am anderen Ende wurde laut der Hörer aufgeknallt. Ich stand da, als hätte man mich in kleine Stücke zerrissen und an mir war nichts mehr ganz. Ich konnte weder denken noch reagieren. Mir wurde übel und schwarz vor den Augen. Für einen kurzen Moment fiel ich förmlich in mich zusammen. Als ich wieder zu mir kam, war da nur ein Gedanke: ich muss ins Krankenhaus, ich muss zu Dieter. Da fiel mir das Versprechen den Kindern gegenüber ein, sofort rief ich Frank und Gaby sowie Ralf und Marlies an. Ich sagte ihnen ganz offen, wie es um Dieter stand. Die Kinder versprachen mir, sofort zu kommen. „Mutter bleib ruhig, wir sind gleich da", beruhigten sie mich. In mir aber war nur ein Gedanke: du musst dich anziehen. Du musst jetzt stark sein. Du schaffst es. Am ganzen Körper zitternd schlich ich mich ins Badezimmer, um mich zu kämmen. Als ich vor dem Spiegel stand, und mit dem Kamm durchs Haar ging, sah ich, wie mir die Haare ausfielen und ich ganze Büschel im Kamm hatte. Doch ich nahm kaum Notiz davon. Nur ein kurzer Gedanke an meine Krebserkrankung, dass die Chemo doch so schnell wirkt. Dann waren meine Gedanken wieder bei meinem geliebten Mann. Eine gute halbe Stunde später kamen die Kinder. Frank, Gaby und Ralf, nur meine Schwiegertochter Marlies hatte nicht mitkommen können. Sie hatte kurz nacheinander den Tod ihrer Mutter und ihres Vaters auf der Intensivstation erleben müssen. Sie war seelisch nicht in der Verfassung, Dieter in seinem jetzigen Zustand zu sehen. Wir fuhren ins Krankenhaus und gingen direkt auf die Intensivstation. Inzwischen war es halb eins in der Nacht. Nachdem wir geklingelt hatten, erschien eine Schwester und bat um Geduld: An meinem Mann würde noch gearbeitet. Das Warten war endlos, und wir versuchten uns in dieser Zeit gegenseitig Hoffnung zu machen, sagten uns, Dieter werde es schaffen. Es war ein Bangen zwischen Hoffnung und Trauer. Dann endlich um halb zwei kam der Arzt von der Intensivstation zu uns. Er schien sehr erschöpft und dennoch erleichtert. Er sagte uns, man habe Dieter erfolgreich intubiert und er werde jetzt künstlich beatmet. Innerlich sprach ich ein Dankgebet zu Gott. Doch dann hörte ich, wie der Arzt zu uns sagte: „Machen Sie sich nicht zu viel Hoffnung. Ihr Mann wird jetzt künstlich beatmet, aber nach einer gewissen Zeit müssen wir die Maschine abstellen. Und ich glaube kaum, dass ihr Mann dann selbständig atmen wird." Mit anderen Worten wollte er mir wohl sagen: „Sie verlängern mit Ihrer Entscheidung nur sein qualvolles Sterben. "Wir standen alle sprachlos da und konnten uns nicht wehren. Der Arzt ließ uns ins den Raum gehen, in dem mein Mann lag. Leise gingen wir an sein Bett. Dieter lag ruhig da und eine Maschine beatmete ihn. Sein Brustkorb hob und senkte sich. Alles übernahm jetzt die Maschine. Ich ging ganz nah zu ihm hin und küsste ihn zärtlich auf die Stirn. Es war die einzige noch freie Stelle im Gesicht. Ich streichelte seinen Arm. Leise sprach ich mit ihm und sagte „Schatz du schaffst es, es wird alles wieder gut. Du bist hier in den besten Händen. Die Ärzte, Schwestern und Pfleger sorgen für dich. Ich, mein Schatz bete mit meiner ganzen Kraft darum, dass Gott dir hilft. Vor mir lag ein hilfloser Mensch im Koma, der von einer Maschine beatmet wurde.

Zweifel und Schuldgefühle

In Gedanken fragte ich mich „Habe ich die richtige Entscheidung getroffen? Was war, wenn Dieter körperlich leidet und am Ende doch nicht mehr selbständig atmen kann? Was habe ich getan, und: durfte ich es tun?" Innerlich war ich zerrissen von Schuldgefühlen. Davon, über Leben und Tod entschieden zu haben und dann war da auf der anderen Seite der Glaube, doch das Richtige getan zu haben. Aber dann hörte ich wieder seine Stimme mit den Worten: „Ich will leben, ich will leben." Während ich an seinem Bett stand, wusste ich plötzlich, dass er mich wahrnimmt und mich spürt. Wir alle standen still ums Bett herum und jeder machte sich seine Gedanken. Nach 20 Minuten wurden wir von dem Arzt aufgefordert, die Intensivstation wieder zu verlassen. Der Pfleger beruhigte uns und sagte: „Gehen Sie jetzt schlafen. Wir sind da und passen auf ihren Mann auf." Ich ging mit gemischten Gefühlen von meinem Mann weg. Am liebsten hätte ich die ganze Nacht an seinem Bett verbracht. Aber ich brauchte wirklich ein paar Stunden Ruhe, denn schon am nächsten Morgen begann die zweite Chemotherapie. Als wir auf dem Weg nach Hause waren, kam eine rege Diskussion auf. Die Kinder fanden die Aussage von dem Arzt unerhört und versuchten, mich zu beruhigen. Die nächsten sieben Tage sollten die Entscheidung bringen. Wir konnten jetzt nur abwarten und beten. Es war Donnerstag ich hatte nicht viel geschlafen. Als ich wach wurde, hatte ich nur einen Gedanken: Gott sei Dank hatte die Klinik nicht angerufen. Ich rief direkt auf der Intensivstation an und erkundigte mich nach dem Zustand meines Mannes. Die Schwester beruhigte mich und sagte mir: „Ihr Mann liegt im Koma und seine Funktionen sind stabil." Um halb neun am Morgen wurde ich vom Taxi abgeholt und zur Chemotherapie gefahren. Während der Fahrt dachte ich über meine Haare nach. Da ich von Natur aus dickes Haar hatte, konnte ich die kahlen Stellen unter den anderen Haaren verstecken. Ich war darauf gefasst, dass ich heute oder morgen zum Perücken-Geschäft gehen musste, wo man mir dann die restlichen Haare abrasieren würde und ich eine Perücke bekäme. Meine Gedanken wurden unterbrochen. Der Taxi-Fahrer war vor der Praxis angekommen und ließ mich mit guten Wünschen aussteigen. Dort wurde mir im Labor erst einmal Blut abgenommen und meine Leukozytenkonzentration bestimmt. Doch dieser Wert war an jenem Morgen so gering, dass eine Chemotherapie nicht durchgeführt werden konnte. Ich erzählte der Ärztin von meinem Mann und der vergangenen Nacht. Sie sah mich voller Mitgefühl an und riet mir, erst mal nach Hause zu fahren, wir würden die Chemotherapie nächste Woche fortsetzen. Ich rief Gaby an, sie holte mich ab und brachte mich nach Hause. Meine Gedanken waren nur bei Dieter. Ich war selbst nicht in der Lage, Auto zu fahren und so fuhren die Kinder mit mir zum Krankenhaus. Mein Herz schlug mir bis zum Hals und ich war aufgeregt. Auf der Intensivstation angekommen, klingelten wir, und die Krankenschwester brachte uns zu meinem Mann.

Wir gingen zu ihm ans Bett. Er lag wie am Tag zuvor, unverändert. Er sah aus, als würde er schlafen - wären da nicht die vielen Medizin-Schubladen und das laute Geräusch der Beatmungsmaschine, die den Brustkorb hob und senkte. Und damit meinen Mann am Leben hielt. Ich beugte mich über ihn und küsste ihn vorsichtig und zärtlich. Er würde es fühlen, daran glaubte ich fest. Ich saß an seinem Bett und streichelte seine Hand und seinen Arm. So als würde er mir zuhören, sprach ich zu ihm. Ich nannte ihn beim Kosenamen und erzählte ihm, was in der letzten Nacht mit ihm geschehen war. Dann machte ich ihm Mut: „Schatz es wird alles gut. Hier auf der Intensivstation tut man alles, um dir zu helfen." Während ich in sein Gesicht blickte, wartete ich innerlich darauf, dass er die Augen aufmachen würde. Aber von ihm ging keine Reaktion aus. Nur die Maschine mit ihrem lauten Auf und Ab war zu hören. Nach einer halben Stunde kam die Krankenschwester und wir wurden wieder aufgefordert zu gehen, mit der Begründung, sie müssten an dem Patienten arbeiten. Am liebsten wäre ich die ganze Nacht bei ihm geblieben. Das Warten zuhause zermürbte mich. Der Arzt konnte mir keine Hoffnung machen, er sagte, wir müssen abwarten und hoffen. Hoffen dass wenn Dieter von der Beatmungsmaschine befreit würde, er wieder selbständig atmen könnte. Mit dieser Ungewissheit brachten mich die Kinder nach Hause und dann war ich wieder allein. Zum Glück hatte ich Bonny. Er wurde zu meinem Gesprächspartner. Er lag auf meinem Bett und hörte mir zu, wenn ich über meine Sorgen sprach. Es schien, als würde er mich verstehen. Ich war froh, dass ich ihn hatte. Ich lag im Bett und ich hatte nur einen Wunsch: möge diese Nacht ohne einen Anruf aus dem Krankenhaus vorübergehen. Ich schlief ein und wurde aber immer wieder wach, mit quälenden Gedanken. Aber irgendwann war auch diese Nacht einmal zuende. Als der Morgen dämmerte, freute ich mich: Kein Anruf, das hieß für mich, dass Dieter noch lebte. Gleich nach dem Aufstehen rief ich auf der Intensivstation an und erkundigte mich nach dem Zustand meines Mannes. Der Pfleger sagte mir: „Sein Zustand ist unverändert, aber stabil." Den ganzen Tag über fieberte ich dem Abend entgegen, wenn die Kinder mit mir zum Krankenhaus fahren würden. Ein Tag nach dem anderen verging, ohne dass sich der Zustand von Dieter wesentlich besserte. Er lag im Koma und ich wusste nicht, ob er es schaffen würde oder nicht. Immer wieder quälte mich die Frage: Hast du richtig entschieden? Wenn er stirbt, und die Beatmung eine Quälerei für ihn war, trägst du ein Leben lang Schuld mit dir. Ich sah in sein Gesicht: es sah friedvoll aus. Innerlich fragte ich mich, was wohl mit ihm geschehen möge, während er im Koma liegt. Kann er mich wahrnehmen? Fragen über Fragen, auf die ich aber keine Antwort bekam. Ich vergaß meine eigene Erkrankung, mein ganzes Denken kreiste um Dieter. Und dann kam der Sonntag. Es war ein sonniger Tag. Die Kinder holten mich von zuhause ab und wir fuhren ins Krankenhaus.

Als wir vor der Intensivstation standen und klingelten, kam die Schwester aus der Tür. Sie sah mich zuversichtlich an. Dann sagte sie uns die frohe Botschaft: „Frau Görres, Ihr Mann hat sich heute selbständig extubiert. Er hat sich allein den Schlauch aus der Luftröhre gezogen. Wir alle hier auf der Station können es kaum fassen. Ihr Mann hat sich extubiert und atmet wieder selbständig und ohne fremde Hilfe." Mir lief eine Gänsehaut über den Körper. Was war geschehen? Die Krankenschwester führte uns an das Krankenbett von meinem Mann und ich konnte es kaum glauben. Da lag er, sah blass und sehr geschwächt aus. Doch er sah mich an und in seinen Augen erkannte ich einen klitzekleinen Funken Freude. Sein Blick sagte mir, dass er mich erkannt hatte. In mir brach ein Vulkan von Gefühlen aus. Tief in mir spürte ich eine große Dankbarkeit. Ich dankte Gott für dieses Wunder. Denn für mich war es wie ein Wunder, was hier geschehen war. Wie konnte sich ein so schwerkranker Mensch, wie mein Mann, der seit Tagen im Koma lag und bis dahin nicht mehr eigenständig atmen konnte, selbst extubieren? Er war doch eigentlich auch durch seine Parkinsonerkrankung viel zu schwach gewesen, um die Hände und Arme zu bewegen. Doch genau das musste er ja getan haben, denn ohne die Kraft seiner Hände, wäre es unmöglich, sich einen Schlauch aus der Luftröhre zu ziehen. Woher hat er diese Kraft bekommen und was hat ihn wach werden lassen? Tausend Fragen hatte ich in diesem Augenblick. Aber das größte Glück, das mir hier widerfuhr: mein Mann lebte und atmete wieder selbst. Die Vorhersage des Arztes, der mir noch vor ein paar Tagen sagte: „Ihr Mann wird mit aller Wahrscheinlichkeit nicht mehr selbst atmen können, wenn wir die Beatmungsmaschine abstellen müssen." war nicht eingetreten. Der Arzt hatte sich geirrt und ich dankte Gott dafür, dass er mich in der besagten Nacht die richtige Entscheidung, hatte treffen lassen. Ich war so glücklich, ich hatte richtig entschieden. Ich hatte Dieters Hilfe-Ruf nach dem Leben in mir wirklich gehört und spontan reagiert. Mein Mann lebte weiter und ich wusste, er würde es schaffen. Ich ging an sein Bett, beugte mich zu ihm hinunter küsste ihn sanft auf die Stirn und streichelte Wangen, seine Hände. Immer und immer wieder. Dann strahlte ich ihn an und sagte: „Ich bin so glücklich, dass du wieder wach bist und selbständig atmest. Er war noch viel zu schwach um zu reden, aber mit seinen Augen sprach er zu mir und ich verstand ihn auch ohne Worte. Nach einer Stunde wurden wir wieder aufgefordert zu gehen, denn mein Mann brauchte jetzt Ruhe. Ich versprach ihm, am nächsten Tag wieder zu kommen und verabschiedete mich liebevoll. Am liebsten wäre ich an seinem Bett sitzen geblieben und hätte ihm erzählt, was alles geschehen war, während er im Koma schlief. Doch ich sah ein, dass er jetzt Ruhe brauchte. Mit Freude im Herzen fuhren wir nach Hause. Diese gute Nachricht gab mir einen Schub an Energie. Ich konnte wieder alleine mit dem Auto zum Krankenhaus fahren.

Meine dritte Chemotherapie wurde um eine Woche nach hinten verschoben. Jeden Tag fuhr ich ins Krankenhaus zu Dieter und erlebte, wie es ihm von einem auf den anderen Tag besser und besser ging. Eines Tages versuchte er, mir etwas Wichtiges mitzuteilen. Da er noch zu schwach war, um laut zu sprechen, beugte ich mich zu ihm hinunter, damit ich ihn besser verstehen konnte. Mein Ohr an seine Lippen hörte ich ihn etwas sagen, was wieder einen Schauer von Gefühlen bei mir auslöste. Mein Mann sagte zu mir: „Schatz, zwischen uns beiden besteht ein ganz tiefes starkes Band." Das Sprechen fiel ihm schwer und immer wieder musste er große Pausen machen. Doch er wollte mir unbedingt erzählen, was er erlebt hatte, als er zwischen Leben und Tod schwebte. Ich hörte ihm zu und sah, wie es ihn schwächte. Aber er fuhr fort. Er wollte mir alles erzählen. Was er mir dann erzählte, war wie ein Kampf zwischen Himmel und Hölle. Jetzt erst verstand ich, was er zwischen Tod und Leben mitgemacht hatte. Ich streichelte seine Hand, sah ihm zärtlich in die Augen und sagte, „Mein Schatz, jetzt wird alles gut. Du bist wieder aufgewacht und atmest von ganz allein. Das ist ein großes Geschenk und dafür bin ich dankbar. Du wirst mit jedem Tag stabiler und wenn es dir richtig gut geht, kaufen wir einen Laptop und ein Sprachprogramm und dann kannst du das ganze Erlebte zu Papier bringen." Dieter nickte und sagte ja, er wolle auf jeden Fall alles aufschreiben.

Dann fragte er mich, ob ich etwas von seinen Töchtern gehört hätte, und ob wie wüssten, was mit ihm geschehen war und wie es mir ginge. Dieter hatte aus erster Ehe zwei erwachsene Töchter. Doch die beiden hatten sich vom Vater losgesagt. Dieter hatte versucht, in seinem Alltag damit fertig zu werden. Doch jetzt wo er so nahe am Tod gewesen war, spürte er, wie sehr ihm die beiden Töchter fehlten. Wie gerne er sie jetzt bei sich hätte. Er hatte sie jahrelang nicht mehr gesehen. Und doch: seine Liebe zu ihnen war tief in seinem Herz verankert. Ich sah, wie wichtig es ihm war, mit den beiden ins Reine zu kommen. Mit etwas Glück konnte ich schließlich seinen Töchtern eine Nachricht über den Gesundheitszustand ihres Vaters zukommen lassen. Schon am nächsten Tag hatte Dieter Besuch von seinen beiden Kindern. Der Besuch war tränenreich, führte aber Vater und Töchter wieder zusammen. Diese Aussöhnung war für Dieter wie eine Medizin und ließ ihn noch schneller genesen. Die Sorge um Dieter war ganz klein geworden, und ich hatte nun mehr Zeit, an mich zu denken. Gaby hatte mich in der Woche, als Dieter noch im Koma lag, zu einem Perückengeschäft gefahren. Meine Haare waren sichtbar weniger geworden, und bevor ich mit einer Glatze umher laufen würde, ließ ich mir die noch verbliebenen restlichen Haare abrasieren. Ich hatte noch nie eine Glatze gehabt, schon als ich als Baby auf die Welt kam, hatte ich den Kopf voller schwarzer Haare. Jetzt war ich neugierig, wie ich wohl aussehen würde ohne Haare. Und dann war es so weit, ich war im Perückengeschäft und saß auf einem Stuhl vor dem Spiegel. Musste zusehen, wie meine Haare nach und nach zu Boden fielen. Meine Schwiegertochter Gaby saß neben mir und versuchte, mich zu motivieren. Mit ihrem Handy machte sie Fotos von mir, mit meiner Glatze und den verschiedenen Perücken, die

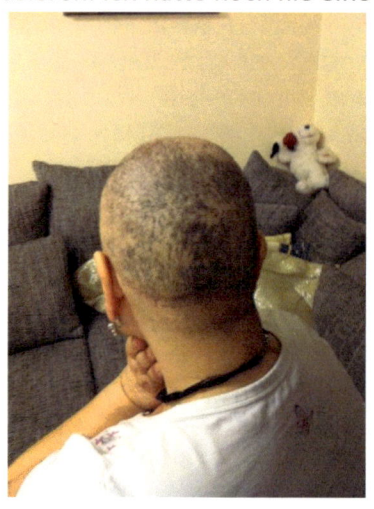

ich ausprobierte. Sie machte mir Komplimente, sagte: „Mutter du siehst aus wie Demi Moore, die Schauspielerin." Mir war eigentlich alles egal. Ich wusste ja, dass es keine andere Lösung gab. Trotzdem taten mir Gabys Worte gut. Sie bewirkten etwas in mir. Ein Gefühl, das mir sagte: du bist doch noch nicht verloren. Wir probierten eine Perücke nach der anderen und fanden nach zwei Stunden endlich zwei Perücken. Gaby gab jeder Perücke einen Namen. Mit der neuen lockigen Haarpracht auf meinem kahlgeschorenen Kopf fuhr ich am nächsten Tag zu Dieter ins Krankenhaus. Es ging ihm besser. Nach einer liebevollen Begrüßung sah er mir ins Gesicht und dann auf meinen Kopf. Irgendetwas erschien ihm fremd. Er blickte auf meine Perücke und sah mich dabei fragend an. Ich lächelte ihn an und sagte: „Weißt du mein Schatz, die Haare fielen mir langsam aus, durch die Chemotherapie. Und bevor ich mit einer Glatze zu dir komme, habe ich meinen Kopf rasieren lassen und trage jetzt eine schöne lockige Perücke. Du weißt doch, ich wollte schon immer meine Haare lockig haben und ich finde mich schön mit dieser Perücke." Er wollte wissen, wie ich darunter aussehe. Während ich ihn anlächelte, zog ich langsam die Perücke aus. Es muss ein Schock für ihn gewesen sein. Noch nie hatte mein Mann mich mit einer Glatze gesehen. Ich lachte ihn an und sagte mit einer Art Galgenhumor: „Es ist doch nur vorübergehend! Nach der letzten Chemotherapie wachsen meine Haare wieder und ich bekomme endlich Locken. Locken, die ich mir schon als Kind gewünscht habe, und das alles ohne Dauerwelle. "In seinen Augen stand Angst, die Angst um mich. Ich versuchte, ihn zu beruhigen und sagte zu ihm: „Mir geht es gut. Ich habe keine Probleme mit der Chemotherapie." Das war gelogen. Aber ich konnte ihm die Wahrheit nicht sagen, nicht in seinem Zustand. Dieter ließ sich von meiner Aussage beruhigen. Das erleichterte mich sehr. Obwohl es ihm scheinbar immer etwas besser ging, beunruhigte mich sein zeitweise verwirrter Zustand. Weil er sich gesünder fühlte, wollte er raus aus diesem Krankenhaus. Wir sollten ihn sofort nach Bonn zur Untersuchung fahren. Diese Untersuchungen standen schon vor seinem Aufenthalt in diesem

Krankenhaus fest. Jetzt wollte er so schnell wie möglich weg von der Intensivstation, mit all diesen schrecklichen Ereignissen. Er forderte mich auf, die Jungs – Frank und Ralf, seine beiden Stiefsöhne- anzurufen, zu denen er ein väterliches Verhältnis hatte. Sie könnten doch in einer halben Stunde hier sein. Sie seien stark und könnten ihn von hier wegbringen. Dieter wurde richtig massiv. Er versuchte, mich unter Druck zu setzen, indem er mir drohte: „Wenn du die Jungs nicht anrufst, lasse ich mich von dir scheiden." Ein anderes Mal sagte er: „Wenn du mich nicht sofort hier raus holst, gehe ich weg." Ich streichelte ihn und fragte lächelnd, wo er denn hin gehen wolle. Er antwortete, dann ginge er in den Himmel. Es tat mir weh, ihn so zu erleben. Er war verwirrt und ich versuchte, ihn zu beruhigen. Ich versprach ihm, alles zu unternehmen, so dass er bald nach Bonn verlegt werden würde. Ich erkannte, Dieter hatte Angst. Zu viel Schreckliches hatte er gesehen und erlebt, als er zwischen Tod und Leben schwebte. Dieter wollte weg. Weg aus diesem Raum auf der Intensivstation - was auch verständlich war. Ich beruhigte ihn und lehnte mich weit aus dem Fenster, indem ich ihm fest versprach: „Mein Schatz, in drei Wochen kommst du nach Bonn. "Mir war mulmig zumute, als ich ihm das versprach. Dieter vertraute mir und so betete ich zu Gott: "Bitte hilf uns und lass mein Versprechen Wahrheit werden!" Und tatsächlich erholte Dieter sich. Er wurde stabiler und konnte bald mit Hilfe seines Pflegers das Bett verlassen und im Rollstuhl sitzen. Er hatte wieder Appetit, konnte wieder feste Nahrung zu sich nehmen. Es ging endlich bergauf. Nach drei Wochen Intensiv-Station war es soweit, Dieter wurde mit einem Krankentransport nach Bonn in die Neurologische Abteilung verlegt. Auch dort verbesserte sich sein Zustand weiter, von Woche zu Woche. Bei meinen Besuchen erlebte ich meinen Mann wieder positiv und zuversichtlich. Ich war glücklich, denn ich hörte wieder Dieters Lachen. Ein Lachen, das ich solange vermisst hatte. Er konnte seinen Rollstuhl, in dem er saß, aus eigener Kraft bewegen. Fast normal unterhielten wir uns und lachten viel. Ich hatte ihm ein Puddingteilchen mitgebracht, das er sich gewünscht hatte. Es war für mich eine wahre Wonne, zu sehen, wie es ihm schmeckte und wie genussvoll er es aß. In diesem Moment wuchs in mir wieder Zuversicht und Hoffnung. Ich sagte mir, jetzt würde alles wieder gut werden. Dieter hatte es geschafft, dem Tod – wie man bei uns im Rheinland sagt - „von der Schüppe zu springen". Hier auf der Neurologischen Station der Uni Bonn sollte durch neue Untersuchungen geklärt werden, ob Dieter wirklich an Parkinson erkrankt wäre, oder ob eine etwas anderes die Ursache für seine Schwerstbehinderung war.

Der Ärztliche Entlassungsbericht von der AHG Klinik in Hilchenbach, in der Dieter eine Reha-Maßnahme von Anfang Mai bis Anfang Juli 2011 durchführte, las sich immerhin vorsichtig hoffnungsvoll:

„Rehabilitationsergebnis. Im erweiterten Barthel-Index als Maß für die Selbständigkeit im Alltag konnte sich der Patient von 34 Punkten bei Aufnahme auf 47 Punkten von 64 möglichen Punkten verbessern.

Ergotherapie
Der Patient war bei den Transfers nicht mehr auf Hilfe angewiesen. Kurze Wegstrecken konnte der Patient auf Klinikebene mit dem Rollator bewältigen. Es bestand keine Kipptendenz zur Seite mehr, jedoch war die Rumpfhaltung noch nicht adäquat. Eine aktive Rumpfaufrichtung war für kurze Zeit möglich, der Patient musste immer wieder darauf aufmerksam gemacht werden. Das Hantieren im Stand an der Therapiebank (z.B. Greifübungen)konnte der Patient sicherer durchführen. Jedoch war die Ausdauer noch stark herabgesetzt, der Patient benötigte noch viele Sitzpausen. Die Arm und Handkraft konnte gesteigert werden. Der Patient nahm am Wasch- und Anziehtraining teil. Das Anziehen der Strümpfe fiel dem Patienten noch schwer, deshalb wurde er angeleitet, einen Strumpfanzieher sicher anzuwenden. Physiotherapie:

Herr Görres war deutlich beweglicher und die Haltung aufrechter. Auf Stationsebene war er selbständig mobil am Rollator und für weitere Strecken nutzte er ein Elektromobil. Er konnte alle Transfers selbständig ausführen und sicher frei stehen. Auf Zimmerebene konnte er einige Schritte frei gehen.

Logopädie
Im zurückliegenden Therapieprozess, den Herr Görres durchgängig hochmotiviert und durch zwischenzeitiges Üben unterstützte, konnten trotz der medikamentös bedingten, teils erheblichen Schwankungen der Beweglichkeit insgesamt spürbare Fortschritte erzielt werden. Neuropsychologie
Der Patient zeigte zu Beginn eine tiefe Verzweiflung. Im Verlauf gelang es ihm zunehmend besser, seine persönlichen Bewältigungsressourcen zu erkennen und zu aktivieren. Die Stimmung schwankte zuletzt noch situationsbezogen stark und es gelang ihm phasenweise

nicht ohne Intervention Dritter, negative Gedanken selbständig zu unterbrechen.

Medizinischer Verlauf

Auffällig war von Anfang an, dass Herr Görres zwar deutlich hypokinetisch wirkte, sich jedoch kein sicherer Rigor oder Tremor nachweisen ließ. Nach Selbstaussage des Patienten habe er zu Beginn seiner Erkrankung auf die Antiparkinson-Medikation bestanden, da in seiner Herkunftsfamilie Parkinson-Syndrome bekannt gewesen seien. Neben der Hypokinese und der allgemeinen Muskelschwäche komme es nachts zu quälenden Muskelzuckungen. Mit dem Ziel, einen möglichst gleichmäßigen Dopamin-Spiegel herbeizuführen, wurde zunächst der kürzer wirksame COMT-Hemmer Entacepan stufenweise erhöht. Hierunter kam es jedoch lediglich zu kurzfristigen Verbesserungen der Beweglichkeit, auch die berichteten nächtlichen Muskelzuckungen ließen sich nur vorübergehend positiv beeinflussen. In einem zweiten Schritt wurde der langwirksame Dopaminagonist Cabergolin hinzugegeben. Auch hier ließen sich nur kurzfristige befriedigende Ergebnisse von maximal einem Tag erzielen. Wir bitten hier um halbjährliche klinische kardiologische Untersuchungen, sowie einmal jährlich eine Echokardiografie durchführen zu lassen, um eine Fibrose der Herzklappen auszuschließen. Da auch im Verlauf nie ein sicherer Extremitätenrigor oder Tremor nachgewiesen werden konnte, Herr Görres viel mehr nach kurzer Besserung immer wieder über relativ rasch nachlassende Muskelkraft und Erschöpfbarkeit klagte, wurde bei dem vorliegenden Krankheitsbild von Herrn Görres arbeitshypothetisch auch an eine durch langjährige exogene Dopaminzufuhr herbeigeführte Herabregulation des dopaminergen Systems gedacht. Da auch durch bildgebende Verfahren bislang keine sichere Diagnose eines Morbus-Parkinson gestellt werden konnte, halten wir die erneute Überprüfung mit differenzierter Diagnostik (DAT-Scan, PET) und einen vorsichtig gestuften Dopamin-Entzug unter stationären Bedingungen für sinnvoll."

Aufgrund der Familienanamnese, die bei Dieter am Anfang seiner Beschwerden durchgeführt wurde, stützte man sich auf diese Aussage, da auch Mutter und Schwester an Parkinson erkrankt waren. Man war schnell dazu bereit, bei Dieter ebenfalls Parkinson zu diagnostizieren. Nur der Verlauf der Erkrankung bei Dieter war völlig anders. Nach der Diagnose Parkinson folgten die Medikamente, die eigentlich Erleichterung bringen sollten. Stattdessen aber verstärkten sich die Symptome rasant. Während doch auf der anderen Seite seine Mutter 20 Jahre mit Parkinson gelebt hatte. Auch seine Schwester hatte immerhin ganze 14 Jahre mit Parkinson gelebt, davon war sie die ersten Jahre fast ohne Beschwerden gewesen. Dieter dagegen war nach nur vier Jahren so behindert, dass er in die Pflegestufe 3 kam. Unsere Hoffnung war nun Bonn. Die dortigen Ärzte sollten herausfinden, was Dieter wirklich fehlte. Im Anschluss an die Untersuchungen in Bonn war eine nochmalige Reha-Maßnahme in Hilchenbach vorgesehen. Dort sollte Dieter wieder mobilisiert werden. Wir hatten jetzt wieder Hoffnung und unterhielten uns schon über die Zeit danach. Es war schön für mich, den Menschen, den ich so sehr liebte, wieder in besserer Verfassung zu sehen. Ich erlebte hier, wie gut es Dieter wieder ging und dachte an die Zeit, als unsere Welt noch in Ordnung war. Dieter war ein Mensch mit einzigartigen Fähigkeiten. Beruflich wie auch privat faszinierte er die Menschen mit seinem Optimismus und Humor. Er war ein Mann mit großem Allgemeinwissen. Es gab nichts, was er nicht konnte. Ob es die Kinder waren, die seinen Rat brauchten oder Freunde und Bekannte. Stets war er bereit zu helfen und wusste immer eine Lösung, wenn es Probleme gab. Ich freute mich auf jeden Besuch bei Dieter. Nur der Abschied von ihm fiel mir schwer. Denn schon während ich auf der Heimfahrt war, versuchten zweifelnde Gedanken Einlass in meinem Kopf zu finden. Wird sich Dieters Zustand weiter bessern oder passiert wieder etwas? Ich schimpfte mit mir selber für diese negativen Gedanken und versuchte, mich abzulenken. In den letzten Wochen hatte ich aufgrund der Ereignisse keine Zeit mehr, mich um meinen eigenen Gesundheitszustand zu kümmern. Inzwischen hatte ich die dritte Chemo erhalten und ließ alles über mich ergehen. Am zweiten Tag nach jeder Chemo musste ich mir selbst eine Spritze setzen. Dieses Serum, das ich mir injizierte, war zum Schutz meiner Knochen gedacht. Allerdings verursachte es am vierten Tag heftige Schmerzen in allen Gliedern. Doch auch diese Schmerzen hielt ich aus. Darüber, ob mein

Tumor wunschgemäß schrumpfen würde oder nicht, dachte ich überhaupt nicht mehr nach. All meine Gedanken und Gefühle waren ständig bei Dieter. Ich selbst war mir nicht wichtig und für meinen Krebs empfand ich nichts. Ich führte keinen Kampf gegen meinen Krebs. Das Kämpfen überließ ich allein den Ärzten. Bei den Besuchen in Bonn erlebte ich, wie es Dieter von Mal zu Mal besser ging. Er konnte bald schon allein mit seinem Rollstuhl fahren. Und dann, endlich, war es soweit: Dieter wurde von Bonn aus wieder in die Übergangspflege nach Bedburg-Kaster verlegt. Von dort aus sollte er eine Woche später zur Rehabilitationskur nach Hilchenbach abgeholt werden. Seine Ankunft in der Übergangspflege wurde freudig von den dortigen Pflegekräften begrüßt. Sie alle waren stets über Dieters Zustand unterrichtet worden. Alle freuten sich mit uns, dass er diese schwere Sepsis überlebt und alles gut überstanden hatte. Dieter erzählte ihnen von seinen zum Teil schrecklichen Nahtod-Erlebnissen und kündigte an, dass er diese Erfahrungen, mit einem Computer und Sprachprogramm in der Reha-Klinik in Hilchenbach zu Papier bringen würde.

Da Bedburg-Kaster nicht weit von unserem Wohnort entfernt war, konnte ich Dieter jetzt jeden Tag besuchen. Schon bei meinem ersten Besuch überraschte ich ihn. Ich hatte seinen kleinen Liebling, unserem Hund Bonny mitgebracht. Die beiden hatten sich lange Zeit nicht gesehen. Als Dieter Bonny sah, konnte er vor Rührung die Tränen nicht mehr zurückhalten. So lang war die Zeit gewesen, in der die Beiden sich nicht gesehen hatten. Er hatte Bonny sehr vermisst, und der Hund ihn offenbar genauso. Bonny sprang auf seinen Schoß und versuchte, Dieter zu küssen, um ihm zu zeigen, wie sehr auch er sein Herrchen vermisst hatte. Der Hund heulte wie ein kleiner Wolf vor Freude, sein Herrchen wieder zu sehen. Anschließend kuschelte sich Bonny auf Dieters Schoß zusammen und ließ sich von ihm liebevoll streicheln. Auch mir kamen die Tränen, als ich die Beiden so glücklich sah. Mir ging durch den Kopf wie nahe Dieter dem Tod gewesen war, und dass dieses Wiedersehen unter anderen Umständen nie mehr stattgefunden hätte. Ich wischte mir die Tränen ab und machte wieder ein fröhliches Gesicht. Da es Dieter gut ging, konnte ich ihn zu einem Sparziergang in seinem Rollstuhl motivieren. Es war wie ein neues Leben. Ich packte meinen Mann warm ein und setzte Bonny auf seinen Schoss. Dann fuhr ich ihn durch den Ort. Es war Herbst und die bunten Blätter fielen von den Bäumen. Die Sonne hatte immer noch Kraft und schien warm. Das herunter gefallene Laub raschelte unter meinen Füßen. Ich beugte mich zu Dieter hinunter und flüsterte ihm ins Ohr: „Schatz, wir leben und wir können diese wunderschöne Natur nicht nur mit unseren Augen, sondern auch mit unserem Herzen wahrnehmen!" Dieter nickte und atmete die frische Luft genussvoll ein. Er war dem Schicksal dankbar, dass er lebte. Auf unserem Spaziergang kamen wir an einem Café vorbei. Der Kaffeeduft, der uns in die Nase stieg, wenn die Eingangstür geöffnet wurde, machte Appetit. Spontan lud ich Dieter zu einer Tasse Kaffee und einem Stück Kuchen ein. Wir fanden einen gemütlichen Platz am Fenster und konnten in einen Park schauen, der mit seinen herbstlich geschmückten Bäumen ein wundervoller Anblick war. Wir spürten förmlich, wie um uns herum das Leben pulsierte. In diesem Moment sahen wir uns an und jeder von uns Beiden fühlte wieder Freude am Leben. Nach einer guten Stunde machten wir uns dann auf den Weg und ich brachte Dieter auf sein Zimmer. Da er mit seinen Fingern das normale Handy nicht bedienen konnte, hatte Frank ihm ein Senioren-Handy gekauft. Die Zahlen und Buchstaben waren groß genug und Dieter wurde extra angeleitet, das Handy zu bedienen. Es klappte gut und so konnten wir jeden Abend miteinander telefonieren. Die Woche in der Übergangspflege verging wie im Fluge. Wir hatten ausgemacht, dass Dieter einen Tag und eine Nacht zuhause verbringen sollte, bevor er nach Hilchenbach fahren würde. Und dann war es soweit, wir holten Dieter ab und brachten ihn nach Hause. Schon die Fahrt dorthin war ein Erlebnis für ihn. Es war seine Heimat und jeder Ort, durch den wir fuhren, erinnerte ihn an seine Jugend. Dieter sah jetzt alles mit anderen Augen. Er freute sich wie ein kleines Kind und war dankbar, dass er eine zweite

Chance bekommen hatte. Was Dieter nur nicht wusste: Zuhause wartete eine große Überraschung auf ihn. Schon als wir in die Einfahrt zu unserem Haus einbogen, wurde Dieter von einem Plakat mit der Aufschrift: „Schön, dass du wieder da bist, wir haben dich sehr vermisst!" begrüßt. Aber das war nicht noch nicht alles. Wir halfen Dieter aus dem Auto und setzten ihn in seinen Rollstuhl. Dann schoben wir ihn durch das Haus in den Wintergarten. Dort warteten schon seine Freunde und die Familie auf ihn und er wurde herzlich begrüßt. Es wurde ein schöner Tag für Dieter und auch für mich. Dieter strahlte und man sah ihm deutlich an, wie glücklich er war, endlich wieder zuhause zu sein, wenn es auch nur für einen Tag und eine Nacht sein sollte. Er sah aus, als fühlte er sich wie neu geboren. Er schaute in den Garten und freute sich über die letzten Rosen, die noch blühten. In seinen Augen sah ich ein Feuer: In ihm brannte ein Verlangen nach dem Leben. Es war so schön, meinen Mann wieder bei mir zu haben! Wir verbrachten einen schönen Abend miteinander.

Voller Hoffnung in die Reha

Am nächsten Morgen war es soweit. Wir würden noch einmal getrennt werden. Dieter fuhr für sechs Wochen in die Klinik in Hilchenbach, eine Reha-Maßnahme, die ihn noch mobiler machen sollte. Und danach würden wir unser Leben neu gestalten. Als am nächsten Morgen der Bus der Klinik vorfuhr, und Dieter einstieg, beschlich mich ein Gefühl der Einsamkeit. Mit den Gedanken, dass das ja alles nur zu seinem Besten sei, beruhigte ich mich ein bisschen. Als der Wagen losfuhr, winkte ich hinterher. Dann ging ich ins Haus, das mir plötzlich ohne Dieter so leer vorkam. Zum Glück hatte ich ja unseren kleinen Bonny, der meine Aufmerksamkeit und Liebe brauchte. Durch den fröhlichen Rehpinscher wurde ich in die Pflicht genommen: Einer musste ja für Bonny sorgen und das war ich. Der Hund musste drei Mal täglich raus, Gassigehen, ganz egal wie schlecht es mir ging. So stand ich immer wieder auf und ging eine Runde mit Bonny. Für meinen kleinen Liebling gab es kein schlechtes Wetter, er wollte raus bei Regen und Sturm, bei Schnee und Glatteis. Mit der Zeit merkte ich dann aber, dass mir das Laufen mit Bonny gut tat und ich mich nachher stärker fühlte. Dieter war in Hilchenbach gut angekommen. Einige Schwestern kannten ihn noch vom Sommer, von seiner ersten Reha und das erleichterte ihm den Aufenthalt. Er wurde freundlich begrüßt und bekam sogar sein altes Zimmer wieder. Wir telefonierten täglich miteinander und es tat mir gut, seine Stimme zu hören. Natürlich vermisste er mich. Besonders nach dem einen schönen Tag zuhause wäre er am liebsten bei mir geblieben. Ich tröstete ihn mit den Worten: „Schatz, es sind nur sechs Wochen und in diesen sechs Wochen wirst du noch stabiler. Weihnachten bist du wieder zuhause." Ich machte ihm Mut. „Motivation" ist das Zauberwort! Wer das beherrscht, kann sich glücklich schätzen. Ich konnte zwar Dieter motivieren, aber was war mit mir? Wer motivierte mich? Schnell versuchte ich diese trüben Gedanken los zu werden und mein kleiner Bonny half mir dabei. Er spürte genau, wie ich mich fühlte und setzte sich ganz nah neben mich. Dann legte er seine Pfote fest und bewusst auf mein Bein und sah mich mit seinen großen braunen Augen sekundenlang an. Dieser treue Hundeblick traf direkt in mein Herz und erlöste mich von meinen negativen Gedanken. Ich sagte mir selbst: „Du musst positiv denken! Nur damit hast du eine Chance, dass es weiterhin bergauf geht." - Positiv denken, wenn das so einfach wäre! Aber Bonny war jetzt eine große Hilfe für mich. Am nächsten Wochenende fuhr mein Neffe Walter mit mir zu Dieter nach Hilchenbach. Als wir dort ankamen, wartete mein Mann schon sehnsüchtig auf mich. Er war selbständig mit seinem Rollstuhl in die Halle gefahren und ich freute mich zu sehen, dass es ihm so gut ging. Nach einer liebevollen Begrüßung erzählt er uns, dass er guter Hoffnung sei, weil nach Anweisung der Ärzte die Dopaminagonisten-Therapie in der Dosis schrittweise reduziert werden sollte. In mir keimte langsam wieder Hoffnung auf und ich sah der Zukunft positiv entgegen. Bei unserem Besuch bat mich Dieter dann darum, ihm einen Computer mit Sprachprogramm zu kaufen. Er wollte seine Nah-Tod-Erlebnisse zu Papier bringen. Ich versprach ihm, am nächsten Wochenende alles mitzubringen. Mein Sohn Ralf besorgte in der Woche die Geräte und wir fuhren am Samstag erneut zu Dieter nach Hilchenbach. Ralf zeigte Dieter die Anwendung und half ihm, sich mit der Bedienung zurecht zu finden. In der kommenden Woche schrieb Dieter seine Nah-Tod-Erlebnisse auf. Als wir ihn eine Woche später besuchten, zeigte er uns seine vollgeschriebenen Seiten und sagte: Es ist mir schwer gefallen, das, was ich in meinem Todeskampf erlebte, auf zu schreiben. Es war teilweise so furchtbar, als würde ich noch mal durch die Hölle gehen. Gleichzeitig fühle ich mich aber befreit. Für mich war wichtig, Dieter jetzt auf andere Gedanken zu bringen und so fragte ich ihn, ob er Lust auf einen Kaffee und ein Stück Kuchen hätte, denn ich wusste, dafür war er immer zu haben. Dieters Augen leuchteten wieder und so fuhren wir ihn mit dem Rollstuhl in die Cafeteria. Dort herrschte buntes Treiben und Dieter wurde dadurch auf andere Gedanken gebracht. Begeistert und stolz erzählte er von seinen Fortschritten, die er inzwischen gemacht hatte. Ich lobte ihn. Uns schien die Zeit viel zu lang, bis Dieter endlich wieder nach Hause kommen würde. Wir freuten uns auf Weihnachten. Weihnachten war bei uns in den letzten Jahren immer ein Fest der ganzen Familie. Unsere Söhne, Schwiegertöchter und deren Eltern gehörten dazu. Wir feierten immer an Heiligabend gemeinsam. Dabei waren wir Gott dankbar dafür, jedes Jahr wieder zusammen kommen zu dürfen. Nur in diesem Jahr fehlten zwei: Mutter und Vater unserer Schwiegertochter Marlies waren hintereinander gestorben. Das hatte Schmerz und Trauer in unserem harmonischen Kreis hinterlassen. Doch wir wollten nach vorne gucken und selbst im kleiner gewordenen Kreis das Weihnachtsfest gemeinsam begehen. Dabei fest an die denken, die nicht mehr bei uns waren. Damit dieses Weihnachtsfest uns mit Frieden und Hoffnung erfüllen

würde, war es wichtig, dass sich der Gesundheitszustand von Dieter weiter positiv entwickelte. Im Augenblick sah alles danach aus. Nach einem schönen Nachmittag mussten wir uns verabschieden. Der Abschied fiel uns schwer, aber wir waren ja voller Hoffnung. So fuhr ich mit Ralf und guten Gedanken nach Hause. Die Fahrt dauerte eineinhalb Stunden und wir hatten auf dem Rückweg genug Zeit, uns über Dieter und seinen Gesundheitszustand zu unterhalten. Auch Ralf sah alles positiv, was mich sehr beruhigte. Am nächsten Morgen rief mich der Stationsarzt der Hilchenbach-Klinik an. Er sagte: „Frau Görres, ich habe die Vermutung, dass ihr Mann doch kein Parkinson-Syndrom hat. Wir werden jetzt die Medikamente langsam zurückfahren und sehen, wie es Ihrem Mann danach geht." Diese Aussage gab mir einen Schub von Energie: ich hätte die ganze Welt umarmen können.

Dieters Sicht der Dinge

Ich fühlte mich so stark, dass ich mich gleich an den Schreibtisch setzte, um mir Dieters Bericht über seine Nah-Tod-Erlebnisse durchzulesen, den er in der Klinik verfasst hatte. Sein Bericht beginnt mit der Entdeckung, dass ich einen Knoten in der rechten Brust hatte. Dieter schrieb dazu: *Während meiner Krankheit, dem Parkinson, glaubte ich, alle Tiefen und sogar die Hölle durchschritten zu haben. Doch ich sah mich getäuscht. Ich hatte die Rechnung ohne den großen Zampano da oben gemacht. Der hatte sich nämlich etwas ganz Besonderes ausgedacht. Oder war es der Teufel, der unsere Gottesgläubigkeit wie in der biblischen Geschichte des HIOB und unser Vertrauen zu Gott testen wollte, indem er uns alles nahm? An diesem Tag hatte ich mit Angelika ein Streitgespräch. Sie sagte, ich würde zu wenig tun, zu wenig Sprachgymnastik üben, zu wenig auf dem Heimtrainer fahren, um die Krankheit - oder wenn man so will die Gesundheit - in den Griff zu bekommen. Ihre Gedankengänge sind dabei nur schwer nachzuvollziehen, wenn sie sagt, dass ich sie mit der Verantwortung für meine Erkrankung und dem Bemühen um Gegenwehr alleine ließe und sie dadurch krank geworden sei. Verständnislos blickte ich sie an. Da stand sie plötzlich auf, öffnete ihre Bluse und zog den BH aus. Ihre immer noch herrlichen Brüste glänzten im Sonnenlicht und in mir wurde der Streithammel zum Bettelmann. Doch sehr schnell erkannte ich, dass ihr gar nicht danach zumute war, unser Streitgespräch mit einem kleinen Schäferstündchen friedvoll zu beenden, sondern sie mir etwas sehr Wichtiges sagen wollte. Fühl mal hier - sie nahm meine Hand, legte sie auf ihre rechte Brust und ich fühlte eine hühnereigroße Geschwulst. Ich wurde starr vor Schreck, ich hatte das Gefühl, gleich würde sich der Boden auftun und der Teufel mich persönlich abholen. Verzweiflung überkam mich, die durfte ich jedoch auf keinen Fall laut werden lassen und offen zeigen. Ich wusste nichts anderes zu sagen als: „Das muss nichts Schlimmes sein, aber trotzdem musst du damit schnellstens zum*

Frauenarzt gehen." Ihre Entgegnung bestand darin, mein Verhalten dafür verantwortlich zu machen, dass sie möglicherweise bösartig erkrankt sei. In Wirklichkeit hatte sie den Knoten schon Monate vorher gespürt, ihn aber auf einen Sturz in der Garage im Frühjahr bei Glatteis zurückgeführt. Ich ahnte, was in ihr vorgegangen sein musste. Ihre Sorge um mich, um die Zukunft vertrug keine weitere Belastung, die auch noch lebensbedrohlich war. Es überkam mich eine grenzenlose Liebe zu dieser Frau, wir fielen uns in die Arme und schworen uns, in allem zusammen zu stehen. Gott sei Dank war unser ältester Sohn mit seiner Frau zu Besuch. Ich konnte mir Gaby beiseite nehmen und ihr von dem gerade Entdeckten berichten. Angelika hätte nämlich wieder abgewartet bis zu einem Arzttermin. Die tolle Freundschaft zwischen unserer Schwiegertochter und meiner Frau versetzte diese in die Lage, Angelika gegenüber offen die Problematik anzusprechen. Gaby nahm alle notwendigen Terminierungen wie Arztbesuch, MRT, Mammographie usw. in die Hand. Innerhalb einer Woche waren alle Termine, für deren Realisierung man normalerweise mindestens vier Wochen benötigt, beisammen. Es konnte reagiert werden. Die Ärzte hatten Angelika dringendst empfohlen jede körperliche Belastung zu vermeiden, auch meine Pflege wie das Duschen und andere Körperpflege. In dieser stressigen Situation bekam ich Kreislaufprobleme. Und weil ich bereits einen Herzinfarkt hinter mir hatte, wurde ich ins Krankenhaus Frechen eingeliefert. Dort führte man alle notwendigen Untersuchungen durch, um einen weiteren Herzinfarkt zu vermeiden. Bei der ganzen Prozedur hatte man mir jedoch einen Blasenkatheter gesetzt, der sich entzündet hatte. Die Entzündung war zunächst nicht mehr spürbar und bei der Entlassung wurde der Katheder entfernt. Vom Krankenhaus aus wurde ich zur Kurzeitpflege nach Bedburg-Kaster gebracht. Ich sollte dort die restliche Zeit verbringen, bis Angelika alle Untersuchungen und die Chemo hinter sich hatte. Es war schon toll, mit anzusehen, wie unsere Kinder das alles managten. Wir brauchten uns um nichts zu kümmern, alles wurde für uns erledigt. Einen Tag nach dem Einzug bekam ich Fieber. Der herbei gerufene Arzt stellte eine Harnwegsinfektion fest und wies mich sofort mit Notarzt-Begleitung in das nahegelegene Krankenhaus in Bedburg ein. Tatsächlich stellte sich die vermeintliche

Harnwegsinfektion aber dort als ausgewachsene Vereiterung mit Blutvergiftung dar, das Ganze mündete in einer Organsepsis. Zusätzlich bekam ich eine Pneumonie. Die Tage von Sonntagabend bis Mittwochabend erlebte ich nur bei halbem Bewusstsein. Am Abend des Mittwoch kam dann die Krise. In diesem höchst kritischen Zustand kümmerte sich der Intensivarzt und Pfleger Michael um mich. Ich erlebte die folgenden dramatischen Ereignisse so realistisch, als wäre ich bei vollem Bewusstsein. Ich hatte keine Schmerzen mehr und dass ich nicht mehr von alleine atmen konnte, machte mir nichts aus.

Meine Atmung setzte aus. In diesem Moment gab es nur eine Möglichkeit, mich zu retten: man müsste mich schnellstens künstlich beatmen. Das hieße, mich an die Herzlungenmaschine anschließen. Da hörte ich, wie der Arzt sich Sorgen machte, dass ich nicht mehr selbständig atmen würde, wenn man nach ein paar Tagen die Herzlungenmaschine abschalten müsste. Und er grübelte laut darüber nach, wie er die Entzündung aus meinem Körper rauskriegen sollte.

Ich sah mich währenddessen wie ein abgelegtes Kleidungsstück auf dem Tisch liegen und ich registrierte jede Bewegung des Arztes. Es war eigenartig: wo der Arzt hinschaute, schaute ich auch hin und umgekehrt. Der Arzt fragte den Pfleger: „Hat der eine Patientenverfügung?" Darauf Michaels Antwort: „Nein." Ich hatte mich vorher noch mit ihm unterhalten können. Die tiefe Stimme des Arztes: "Der schafft das bestimmt nicht, wenn wir nach einer Zeit die Beatmungsmaschine abschalten, alleine weiter zu atmen. Und wir müssen die Entzündung aus dem Körper raus bringen. Das gibt einen schweren Pflegefall. Dann rufen Sie jetzt seine Frau an, erklären ihr die Situation und holen sich das o.k., dass wir keine weiteren Maßnahmen anwenden." In dieser Phase habe ich mein Gehirn quasi in seiner Funktionsweise gesehen und musste lächeln. Es bestand aus einem großen Haufen Bits. Jede Nervenverbindung war ein Bit. Die Bits bestanden aus lauter kleinen Vierecken, die grün und gelb leuchteten. Einer nach dem anderen dieser Leuchtpunkte verlöschte, während ich die Frage stellte: „Hat sich der Kampf bisher gelohnt, oder hast du noch Kraft weiterzumachen? Ach gib doch auf, dann hast du deine Ruhe." Es wäre so leicht gewesen – das Aufgeben – ich hätte nur zu warten brauchen, bis alle Bits erloschen waren. Als dann aber immer mehr dieser Leuchtpunkte verlöschten und das letzte Lichtpünktchen schon halb aus war und nur noch ganz schwach glomm, löste sich ein Schrei in mir.

ICH WILL LEBEN!

Das war der Moment, in dem der Arzt Angelika anrief und ihr den Vorschlag machte, keine weiteren Maßnahmen vorzunehmen, sie würde mir einen Gefallen damit tun. Er wüsste nicht, ob ich mit einer so schweren zu erwartenden Behinderung leben wollte. Angelika hatte meinen Schrei empfangen und war jeder gut gemeinten Argumentation zum Trotz nicht bereit, ihre Zustimmung zu geben. Sie schrie dem Arzt ins Telefon: „Mein Mann will leben, bitte retten sie ihn!" Das Band zwischen uns war unzertrennlich! Gott oder die große Schöpferkraft - oder wie auch immer man die über uns stehende Macht nennen will - hatte mir ganz klar die Möglichkeit der eigenen Entscheidung überlassen. Ich hatte mich für das Leben entschieden. Als der Arzt vom Telefon zurückkam, fragte der Pfleger: „Und was hat sie gesagt?" - „Er soll leben, tun wir ihr den Gefallen." Daraufhin nahm der Arzt auch den Kampf auf. Er intubierte mich und schloss mich an die Herzlungenmaschine an. Man hatte mich ins künstliche Koma versetzt, so dass ich mir keine Sorgen machte, dass ich einen Atemstillstand hatte und künstlich beatmet wurde. Aber im Koma liegend hatte ich die schlimmsten Halluzinationen. Grausam, grausam kann ich da nur sagen. Wenn die Wahrheit ins Gegenteil verkehrt wird und man nicht mehr weiß, wo oben und unten ist. Wenn man die Wahrheit nicht vom Trugschluss unterscheiden kann, ist das normale Leben vorbei. „Das sind ja alles Kriminelle hier, das ist sicher eine Bande, die mit Organen handelt. Ich lasse mir von keinem eine Spritze setzen, wer weiß, was die mit mir vorhaben. Die wollen mich bestimmt verkaufen, wofür hätten die mich sonst in diese Garage bringen sollen. Ich rufe meine Kinder an, meine Söhne holen mich hier raus, das sind starke Kerle. - Maus hol mich hier raus, die haben was mit mir vor, die bringen mich von einer Garage in die Andere. Das sind Kriminelle." Ich erlebte auch immer dass das, was ich sagte, in einer für mich realen Welt in mir riesige Ängste auslöste.

Ich zitterte wie Espenlaub und rief dauernd um Hilfe. Wenn eine der Schwestern kam, die ich rief, war es eine ganz normale Krankenschwester. Aber mit jedem Schritt, den sie näher kam, verwandelte sie sich immer stärker in einen Drachen. Es waren schrecklich anzuschauende Wesen, die auf mich einredeten und mir drohten. Anfangs wurde ich ja noch immer im selben Raum wach. Mit fortschreitender Zeit hatte ich aber mehr und mehr den Eindruck, jeden Morgen in einem anderen Land zu erwachen. Einmal in den Bergen, mit Kühen im Krankenzimmer. Einmal in Thailand mit wogenden Vorhängen vor den Fenstern. Eigenartigerweise waren es dann aber immer die gleichen Räume und das Personal. Das heißt, die Krankenschwestern verwandelten sich nicht in Drachen, ließen mich aber in den Räumen liegen ohne mir zu essen zu geben. Überhaupt hatte ich den Eindruck, immer der letzte zu sein bei der Pflege. Ob das von meinen vielen Hilferufen kam? Dann war da ein Carré, ca. 4m x 4m, aus vier senkrecht stehenden, ca. 2,5 m hohen Pfählen, zwischen die man goldene Tücher gespannt hatte. Auf jedem dieser vier Pfosten war ein Bild einer Krankenschwester angebracht. Inmitten dieses Carré stand ein Bett, auf dem ich nackt lag, wie zum Abholen bereit. Ich sprach die Bilder der Krankenschwestern an, fragte, ob ich jetzt geholt werden würde. Da verwandelten sich die Bilder der Krankenschwestern wieder in Drachenköpfe, die mich anfauchten, mir aber auf meine Fragen keine Antwort gaben. Da hörte ich auf einmal Stimmen. Es war die Stimme von Angelika, die den Jungs und den Schwiegertöchtern erklärte, dass ich in einer schweren gesundheitlichen Krise sei und nicht feststehe, ob ich überleben würde. Sie sagte, dass sie für mich betet. Auch die Jungs und die Schwiegertöchter beteten dann für mich. Auf der gegenüberliegenden Seite standen meine zwei Töchter, die Angelika herbeigerufen hatte. Auch die ältere Tochter betete für mich und erklärte meiner jüngeren Tochter, dass es zu spät sei, mit mir Kontakt zu aufzunehmen und dass ich jetzt die freie Entscheidung hätte, hier in dieser Welt zu bleiben oder zu gehen. Sie müssten jetzt abwarten, wie ich mich entscheide. Worauf meine jüngere Tochter in Tränen ausbrach und mit tränenerstickter Stimme sagte: „Papa bleib' doch hier, ich hab dir noch so viel zu sagen. Das habe ich doch alles nicht gewollt, ich will das wieder gutmachen! Bitte *bleib doch hier!" Dieses Bild sah ich vor meinem geistigen Auge. In wie weit es sich um eine Halluzination oder einen Blick in die Zukunft handelte, wage ich nicht zu sagen. Auf jeden Fall gibt das ziemlich deutlich das Geschehen wieder. Auf eine lautlose Art verschwand das Bild aus meinem Blickfeld und damit auch die einzelnen Episoden. Nach wie vor im Koma liegend war der Tubus während der Akutphase der Behandlung unbedingt notwendig, ja lebenserhaltend. Wie man mir berichtete, war es am Sonntag, als ich schon fünf Tage lang im künstlichen Koma lag, als es geschah: Ich weiß nicht was oder wer mich langsam wach machte und mich aus dem Koma kommen ließ. Ich weiß nur, dass der Tubus in mir derartig unbequem war. Etwas in mir wollte atmen und dabei störte der Tubus. Ich weiß auch nicht, wer oder was mir die Kraft gab, mir ganz langsam - weil ich viel zu schwach war - Stück für Stück den Tubus aus mir herauszuziehen, ohne mich dabei zu verletzen. Auf jeden Fall ging es mir danach besser. Es war nicht mehr die Behinderung beim Schlucken vorhanden. Auf der Intensiv-Station war ich ein Koma-Patient. Dass ich mich selbst extubiert hatte und der Arzt, die Schwestern und Pfleger das nicht bemerkt hatten, löste staunende Verwunderung aus. Das hatten sie noch nie erlebt, dass jemand sich selbst extubiert und das auch noch gut ging. Das behandelnde Personal bemühte sich nach besten Kräften, mir die dann folgenden, quälenden Behandlungen, in denen die Bronchien mehrmals am Tage abgesaugt wurden, zu erleichtern. Laufend wurde der Sauerstoffgehalt überprüft, er blieb dann stabil und es kam die Frage: „Wird er alleine weiter atmen?" Ich hatte alles mitbekommen und atmete alleine weiter. Mein Leben war zunächst gerettet. Nachdem es mir ein wenig besser ging, wandte ich mich mehr der geplanten Behandlung bei Professor Dr. Wüllner vom Kompetenzcenter Parkinson der Uni Bonn zu. Es war ein Termin vereinbart, der durch die Einlieferung in das Krankenhaus Bedburg obsolet wurde. Nun wurde also ein neuer Termin vereinbart, der meine wahrscheinliche Entlassung berücksichtigte. Es sollte in der Uni Bonn geklärt werden, ob ich wirklich an Parkinson erkrankt war, oder doch eine andere Erkrankung habe. Oberarzt Schulz von der AHG Klinik in Hilchenbach hatte daran berechtigte Zweifel. Mein ganzes Bestreben ging jetzt dorthin, das festzustellen.*

Es war sehr schwer für mich, beim Lesen ruhig zu bleiben. Immer wieder wurde ich von Weinkrämpfen geschüttelt. Es tat mir so weh, so weh, als ich las, was Dieter durchgemacht hatte. Innerlich fragte ich Gott: warum tust du Dieter das an! Warum muss Dieter so leiden, er hat doch in seinem Leben keinem Menschen Böses getan. Dieter war immer bereit, auch denen zu helfen, die in Not waren und kein Geld hatten ihn zu bezahlen. Er half, ohne für seine Hilfe etwas zu erwarten. Er war glücklich, wenn er auch diesen Menschen helfen konnte und auf seine Bemühungen hin den Erfolg sah. Das machte ihn ja so liebenswert. Wer ihn kennenlernte, war sofort begeistert von ihm. Und ich stellte die Frage, wo bleibt die Gerechtigkeit auf dieser Welt? Auf diese Frage sollte ich erst viel später eine Antwort bekommen. Jetzt musste ich nach vorne schauen und dankbar sein, dass es Dieter wieder so gut ging. Alles andere war im Augenblick nicht mehr wichtig. Dieter lebte, und es ging mit ihm bergauf. Weihnachten wären wir wieder zusammen. Ich versuchte trotz meiner Schwäche, die sich durch die Chemotherapie langsam in meinem Körper breit machte, positiv zu denken. Ich dachte an Heiligabend und wie wir alle zusammen am festlich geschmückten Tisch beisammen sein würden. Dieser Gedanke gab mir Kraft. Da die Adventszeit vor der Tür stand, fing ich an, das Haus weihnachtlich zu schmücken. Meine Freundin Doris half mir dabei. Der Wintergarten mit seinen 60qm Größe, der für Dieter ein Wohlfühlerlebnis werden sollte, wurde mit Tannengirlanden und Lichterketten geschmückt. Dieser große Raum, der auch beheizt wurde, verwandelte sich Stück für Stück in ein Weihnachtszimmer. Als der Raum fertig geschmückt war, zündete ich die Lichter an. Und alles erstrahlte im Glanz der Lichter. Mir wurde es ganz warm ums Herz, als ich dieses schöne Weihnachtszimmer auf mich wirken ließ. Tiefe Dankbarkeit und Freude erfüllte mich. Bald hätte ich meinen Schatz wieder bei mir und ich wusste ganz genau, Dieter würde sich in diesem Weihnachtszimmer wohl fühlen. Es war Adventszeit, ich hatte für Dieter ein wunderschönes Adventsgesteck gebastelt und freute mich darauf, ihn wieder zu sehen. Da wir ja jeden Abend miteinander telefonierten, wusste ich, dass es ihm gut ging und er sich auf meinen Besuch freute.

In Hilchenbach angekommen, machte ich Dieter den Vorschlag, ihn mit dem Rollstuhl durch den Park zu fahren. Es war ein sonniger Tag, kein Wind wehte und es tat uns gut, an der frischen Luft spazieren zu gehen. Dieter war sofort einverstanden und wir verlebten einen schönen Nachmittag. Wie immer fiel uns der Abschied schwer. Dieter wäre am liebsten mit nach Hause gefahren. Langsam reichte es ihm. Er war schon solange von zuhause weg und sehnte sich nach der Familie, Freunden und der Gemütlichkeit, die er daheim hatte. Ich tröstete ihn mit den Worten „Schatz, es ist jetzt nicht mehr lange, die Zeit vergeht schnell und Weihnachten bist du wieder zuhause. Das werden wir dann gebührend begießen. Ich lade die Familie, deine Freunde und Bekannten ein. Mit ihnen werden wir deine Heimkehr feiern. Meine Worte motivierten ihn, er sah mich an, lachte und sagte: „Ja, das machen wir. Ich freue mich schon darauf." Nachdem ich Dieter auf sein Zimmer gebracht und mich verabschiedet hatte, fuhr ich beruhigt nach Hause. Es lief ja alles nach unseren Wünschen. Meine sechste Chemotherapie war am 1.Dezember und ich spürte, dass mein Körper sehr darunter litt, ich wurde schwächer. Dabei wollte ich doch stark für Dieter sein. Wann immer es mir möglich war, ruhte ich mich aus und meditierte. Die Ruhe tat mir sehr gut. Jeden Abend rief ich Dieter in der Klinik an und wir sprachen von der Zeit nach der Klinik. Wir malten uns die Zukunft in den schönsten Farben aus. So verging auch diese Woche und brachte uns immer näher an den Entlassungstermin.

Die Ruhe vor dem Sturm

Dann kam der Freitagabend. Dieter rief mich abends um 19 Uhr an. Er erzählte mir, dass er nachmittags mit einer Pflegekraft in der Cafeteria saß, als er plötzlich Kreislaufprobleme bekam. Dabei sei ihm übel geworden. Man hatte ihn daraufhin nach oben auf sein Zimmer gebracht. Inzwischen aber ginge es ihm schon wieder besser.

Ich hatte ein mulmiges Gefühl im Bauch, ließ mir das aber nicht anmerken. Ich wollte ihn aufheitern und sagte: „Schatz, ich komme morgen, am Samstag, früher, dann haben wir mehr Zeit füreinander." So versuchte ich ihn zu trösten. Nachdem wir uns wie immer beteuerten, wie sehr wir uns lieben und dass wir gemeinsam alles schaffen, beendeten wir das Telefongespräch. Wenn auch Dieters Kreislaufprobleme mir Sorgen machten, so bemühte ich mich doch, diese Gedanken wegzuschieben. Ich wollte nur noch positiv denken. Am Abend saß ich zusammen mit Doris und Lydia, - zwei wunderbaren Freundinnen, die jeden Abend nach mir schauten und mich stets um 21 Uhr ins Bett schickten - im Wintergarten, der wie ein Weihnachtszimmer aussah. Wir unterhielten uns über Dieter und sein Kreislaufproblem. Die zwei beruhigten mich und schickten mich ins Bett. Wie jeden Abend legte ich mich in Dieters Bett, und hatte so das Gefühl, ihm näher zu sein. Mein kleiner Liebling Bonny lag unter der Decke hinter meinen Knien und schlief. Ich konnte noch nicht schlafen und zappte im Fernsehen herum, auf der Suche nach einer entspannenden Sendung. Irgendwann muss ich doch eingeschlafen sein. Das laute Klingeln des Telefons, das neben meinem Bett lag, riss mich aus dem Schlaf. Ich sah auf die Uhr: es war 1:13 Uhr nachts. Mein erster Gedanke war „lieber Gott bitte lass es nicht eine schlechte Nachricht von Dieter sein!" Aber es kam schlimmer, viel schlimmer, der Anrufer am anderen Ende war ein Notarzt im Einsatz. Er war in die Klinik zu einem Notfall gerufen worden. Zu meinem Mann. Er fragte mich, ob ich die Ehefrau von Hans Dieter Görres sei. Mit zittriger Stimme und unter großer Anstrengung bejahte ich die Frage. Und dann trafen mich seine Worte, als würde man mich mit einem Fallbeil von oben kommend in der Mitte durchschneiden. „Ich muss ihnen leider mitteilen, dass ihr Mann im Sterben liegt. Wie schnell können sie hier sein?" Ich spürte einen unsagbaren Schmerz, der mir fast das Herz zerriss. Mein Kopf drohte zu platzen. Ich wollte schreien, aber aus mir kam kein Ton heraus. Der Notarzt rief ins Telefon: „Sind sie noch dran?" Ja, stammelte ich und erzählte voller Verzweiflung: „Mein Mann hatte schon mal einen Atemstillstand und wurde reanimiert. Helfen sie ihm bitte!" Darauf sagte der Notarzt wörtlich: „Ich mache nichts mehr an ihrem Mann. Er überlebt einen Transport ins Krankenhaus nicht. Er liegt im Sterben." Dann kam die nächste eiskalte Frage: „Wo wohnen Sie?" Ich fühlte mich innerlich wie tot, konnte nicht mehr denken. Mühsam versuchte ich mich zu erinnern wie weit es von uns nach Hilchenbach war. Dann fiel mir ein, dass ich mit dem Auto anderthalb Stunden bis zur Klinik brauchte… Das sagte ich dem Arzt am Telefon. Danach sagte der Notarzt zu mir - und seine Stimme war ohne Mitgefühl: „Dann schaffen Sie es nicht mehr, bleiben Sie zuhause. Die Schwester wird Sie morgen früh benachrichtigen", und er legte den Hörer einfach auf. Ich saß wie versteinert auf dem Bettrand und hielt den Telefonhörer noch immer fest in der Hand. Ich lauschte in mich hinein, um vielleicht Dieters Stimme zu hören, aber in mir blieb alles still. In diesem Moment kam ein Gefühl in mir hoch, das mir sagte: Diesmal gibt es kein Zurück ins Leben. Dieter lag im Sterben und würde von mir gehen. In mir war nur ein Gedanke: „Ich muss zu ihm!" Aber wie? Es war mitten in der Nacht und ich konnte in meinem schwachen Zustand nicht Auto fahren. Ich wollte schreien, weinen, so hilflos fühlte ich mich. Warum war er so weit weg von mir? Ich musste doch bei ihm sein in seinen letzten Stunden! Ich konnte ihn jetzt, wo er mich am nötigsten brauchte, nicht im Stich lassen. In meiner Not flehte ich zu Gott: Lieber Gott, hilf mir dahin zu kommen! Ich musste die Kinder anrufen,- vielleicht war einer da und konnte mich fahren. Ich rief Ralf zuhause an, und ließ es mehrmals klingeln, doch keiner nahm den Hörer ab. Meine Not wurde immer größer. Dann rief ich bei Frank und Gaby an, hatte aber keine Hoffnung, dass dort jemand abnimmt. Denn in ihrem Schlafzimmer hören sie das Telefon nicht. Aber Gott hörte mich in meiner Not. Frank war in dem Moment, als ich anrief, gerade von einer Weihnachtsfeier nach Hause gekommen.

Sein Telefon, das eigentlich ausgestellt war, klingelte in einem Ton, den er nicht kannte. Neugierig nahm er den Hörer ab. Und hörte dann, wie ich mit stammelnder Stimme zu ihm sagte: „Frank! Dieter stirbt!" Frank reagierte sofort: „Mutter bleib bitte ganz ruhig, ich komme sofort zu dir und wir fahren nach Hilchenbach."

20 Minuten später waren beide da. Gaby fuhr den Wagen, denn Frank hatte auf der Weihnachtsfeier etwas getrunken und durfte nicht fahren. Da die Autobahn leer war, konnte Gaby schnell fahren und wir kamen um 3:30 Uhr in Hilchenbach an.

Abschied von Dieter

Die Nachtschwester führte uns in das Zimmer, wo Dieter in seinem Bett lag. Leise betraten wir den Raum. Dann stand ich am Bett und sah, wie das Liebste, das ich hatte von mir ging. Dieter lebte noch, war aber nicht mehr bei Bewusstsein. Doch er hatte auf uns gewartet. Ich ging zu ihm und küsste ihn auf die Stirn. „Ich bin bei dir mein Schatz. Ich bin da", sagte ich leise zu ihm.

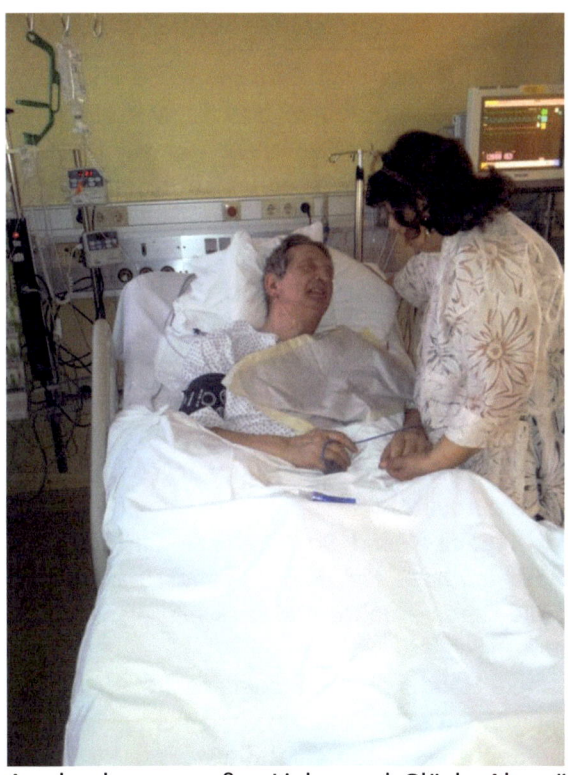

Dann setzte ich mich ans Bett und streichelte seine Hand. Ich hielt seine Hand in meiner Hand, als wollte ich ihn mit mir mitnehmen. Er lag mit geschlossenen Augen ruhig und entspannt in seinem Bett. Ab und zu atmete er nochmal ein. Sein Sauerstoffgehalt, der bei ihm gemessen wurde, sank langsam tiefer und tiefer.

Immer wieder sah ich ihn an. Er sah so jung aus und voller Frieden. In seinem Gesicht war ein Ausdruck von großer Liebe und Glück. Als würde er etwas Wunderschönes sehen. Ich spürte, er war angekommen und er war glücklich dort zu sein. Ich konnte nicht weinen und schreien: „Bitte bleib doch hier". Ich sah, dass er jetzt so glücklich war und ließ ihn gehen.

Innerlich dankte ich Gott dafür, dass er mir die Zeit gab, mich von meiner großen Liebe zu verabschieden. Ich empfand es als Geschenk, meinen Mann, mit dem ich die schönsten Jahre erleben durfte, auf seinem letzten Weg zu begleiten.

Gaby hatte die Nachtschwester gebeten, einen Pfarrer zu rufen. Gott war bei uns. Denn eine halbe Stunde später kam ein junger Pfarrer und gab Dieter in einer einfühlsamen Zeremonie die letzte Ölung. Gemeinsam mit dem Pfarrer beteten wir das Vaterunser, dann ließ uns der Pfarrer für die letzten Stunden mit Dieter allein.

Wir saßen schweigend um Dieters Bett. Eine friedvolle Stimmung füllte den Raum. Ruhe und Frieden umhüllte uns. Es war etwas im Raum, das man mit Worten nicht beschreiben kann. Es war wie eine unendliche Liebe, die sich im Raum bewegte und auch unsere Herzen erfüllte. Ich konnte nicht weinen. Ich war in diesem schönen Gefühl gefangen, fühlte mich geborgen und beschützt.

Nicht nur ich fühlte diese Schwingungen, auch Frank und Gaby spürten diese Liebe um uns herum. Wir sahen uns schweigend an und jeder von uns wusste, dass hier etwas geschieht, das man mit Worten nicht beschreiben kann. Es war wie ein Zauber, den man nur in dem Augenblick erlebt, wo er geschieht. Wir drei sind fest davon überzeugt, dass wir erleben durften, wie Dieter seinen Körper verließ und seine Energie uns mit seiner Liebe einhüllte.

Ich hielt Dieters Hand in meiner Hand. Streichelte sie und sprach in Gedanken mit ihm. „Schatz, ich lasse dich los. Du kannst nach Hause gehen. Ich danke dir für die schönen Jahre und ich weiß, du wirst immer bei mir sein."

Frank nahm Dieters linke Hand. Ich nahm seine rechte Hand und gemeinsam mit Gaby bildeten wir eine Kette. In Gedanken gingen wir mit Dieter zu dem Ort, an dem man schon auf ihn wartete. Wir ließen ihn los und er konnte nach Hause gehen.

Um 6:20 Uhr tat er den letzten Atemzug. Das Personal gab uns die Möglichkeit, noch weitere zwei Stunden bei ihm zu bleiben, um in Stille Abschied von ihm zu nehmen.

Mit schweren Herzen machten wir uns auf den Heimweg. Wir hatten jetzt die Aufgabe, die Familie von Dieters Versterben zu unterrichten. Morgens um 9:15 Uhr klingelten wir bei meinem jüngeren Sohn Ralf und Schwiegertochter Marlies. Wir brauchten nichts zu sagen, an unseren Gesichtern konnten sie ablesen, was geschehen war.

Ich sagte Ralf, dass ich auch bei ihm nachts angerufen hatte. Ralf war verwundert und erwiderte, bei ihnen habe es nicht geklingelt. Dann ging er in sein Büro und schaute aufs Telefon. Als er aus dem Büro zurückkam, sagte er: „Mutter, du hast bei mir im Büro angerufen, deshalb habe ich das Klingeln nicht gehört." − „Aber ich habe doch keine Nummer von deinem Büro", sagte ich.

„Bei mir zuhause ist nur deine Privatnummer gespeichert und darauf hatte ich angerufen." In meinem Herzen wusste ich, Dieter wollte Marlies und Ralf den Schmerz ersparen. Marlies hatte in der letzten Zeit dem Sterben ihrer Mutter und ihres Vater zusehen müssen. Es wäre für sie eine zu große Belastung gewesen, auch noch Dieter sterben zu sehen.

Trotz aller Trauer sprachen wir über mich. Was wird jetzt aus mir? Ralf und Marlies überzeugten mich, dass ich trotzdem zu ihnen ziehen sollte. Eigentlich war der Umzug mit Dieter geplant. Aber es wäre doch besser für mich, aufgrund meiner Erkrankung, wenn ich in ihrer Nähe wäre.

Ich stimmte ihnen zu und bat sie, dafür zu sorgen, dass Dieter auch mitkäme, das hieße, er sollte nach Möglichkeit auf dem Friedhof in meiner Nähe beerdigt werden.

Die Kinder versprachen mir, alles Mögliche zu unternehmen, um meinen Wunsch zu erfüllen. Ja, und sie schafften es tatsächlich, für Dieter einen Platz auf dem alten Friedhof zu bekommen. An meinem alten Wohnort aber erzählte ich den Freunden: "Ich nehme meinen Mann mit. Ich lasse ihn nicht hier."

Der Pfarrer, der meinen Mann beerdigen sollte, ihn aber nicht gekannt hatte, brauchte Informationen über sein Leben. Als ich ihm von

Dieters Leben erzählte, und ihm eine Abschrift von unserem Gebet gab, das ich für uns geschrieben hatte und erzählte, dass wir es jeden Morgen dem anderen vorlasen, erkannte der Pfarrer, wie wichtig Gott für Dieter war. Er sagte zu uns: „Ich werde bei der Beerdigung Ihres Mannes die Osterkerze anzünden und im weißen Gewand die Trauerfeier halten. Es war eine Ehrerbietung an Dieter."

Frank, der ja Dieter in seinen letzten Stunden mit begleitet hatte, stellte an den Pfarrer die Frage: „Herr Pfarrer, darf man sagen, dass sterben schön ist? Denn wenn das Sterben so schön ist, wie ich es bei meinem Stiefvater empfunden habe, habe ich keine Angst mehr vor dem Tod."

Weiterleben ohne Dieter

Nach der Beerdigung kam ich in ein leeres, stilles Haus. Ohne Dieter fühlte ich mich hier einsam und allein. Wenn man einen lieben Menschen verliert, ist es normal und sogar wichtig, um den Verlust zu trauern. Ich konnte nicht trauern. Es war mir, als wäre ich mit ihm gestorben.

Und als hätte das Schicksal mir nicht schon genug genommen, kam jetzt auch noch eine finanzielle Krise hinzu. Es war kein Geld mehr da. Das Haus war verschuldet und ich musste sehen, dass es schnellstens verkauft wurde. Ein Makler wurde beauftragt.

In mir war nur ein Gedanke: Jetzt habe ich alles verloren. Ich hatte meine Gesundheit verloren, dann starb mein Mann und jetzt verliere ich das Haus. Ich hatte alles verloren, was mir lieb und teuer war, und mir wurde bewusst: tiefer geht es nicht mehr. Mein Leben war mir in

dieser Zeit nichts mehr wert. Ich wehrte mich nicht gegen meinen Krebs, sondern ließ alles geschehen. In dieser Situation bat ich Gott auch mich zu holen. Mein Bitten wurde nicht erhört, denn Gott hatte noch eine Aufgabe für mich, aber das wurde mir erst viel später klar.

Mein Sohn Ralf und meine Schwiegertochter Marlies, die Dieter und mir eine Wohnung in ihrem Haus angeboten hatten, machten es mir leicht, zu ihnen zu ziehen. Sie kümmerten sich um den Umzug, und ich hatte keine andere Wahl, als alles geschehen zu lassen. Ich sah es wie einen Lichtblick.

Das Sprichwort: „Wenn du denkst, es geht nicht mehr, kommt von irgendwo ein Lichtlein her" traf voll auf mich zu. Ich hatte Gott ohne Angst und voller Vertrauen mein Leben überlassen. Auf Gott ist Verlass. Er wirkte in mir und um mich herum.

Freunde in der schlimmen Zeit

In dieser Zeit stellte Gott mir viele Helfer-Engel an die Seite. Da waren zuerst einmal meine Kinder, die stets da waren, um meine Probleme zu lösen. Meine Freundin Doris, die Tag für Tag kam und alles einpackte, was ich bei meinem Umzug mitnehmen wollte. Sie machte diese Arbeit ganz allein, denn ich war zu schwach, um ihr dabei zu helfen. Ich saß in einem fast leeren Wohnzimmer im Sessel und sah ihr zu.

Es war schlimm für mich, dass ich nicht mit einpacken konnte. Ich, die immer so stark war und alles alleine bewältigte. Ich, die keine fremde Hilfe annahm, weil es mir schwer fiel, „danke" zu sagen. Ich musste es jetzt zulassen, dass man mir half und lernen, dankbar zu sein. Aber der Mensch ist ja lernfähig, so lernte auch ich immer mehr danke zu sagen. Ich lernte mir helfen zu lassen.

Ich hatte die letzten Wochen körperlich und seelisch durchhalten müssen, aber jetzt zeigte die Chemotherapie ihre Wirkung mit voller Wucht. Mein Körper kämpfte mit dem Gift, das in mir wütete. Schon die vorletzte Chemotherapie musste aufgrund meiner seelisch bedingt kranken Psyche und körperlichen Verfassung um Tage verschoben werden.

Ich schaffte es nicht, zu trauern. Zu schwach war ich geworden. Mein Körper kämpfte Tag und Nacht gegen den Krebs. Ich aber hatte jedes Zeitgefühl verloren. Ein großes Glück war für mich, dass es meinen kleinen Hund Bonny gab. Er zwang mich jeden Tag drei Mal, mit ihm eine Runde zu gehen. Und das war gut so, denn die Bewegung bewirkte, dass das Gift von meinem Körper besser ausgeschieden wurde. Nach jedem Spaziergang fühlte ich mich ein wenig besser.

Auch bekam ich in dieser Zeit sehr viel Zuspruch von der Familie, Freunden und auch ehemaligen Patienten. Als Heilpraktikerin hatte ich 16 Jahre lang eine Praxis im Haus geführt und musste leider durch meine Krebserkrankung die Praxis schließen. Es war ein Schock für meine Patienten und sie waren nun bestrebt, auch mir zu helfen.

Walter und seine Frau Gaby, mit denen mich eine tiefe Freundschaft verband, schrieben mir einen Brief, der mich aufheitern und auf andere Gedanken bringen sollte.

Und tatsächlich: dieser Brief tat seine Wirkung.

Walter schrieb:

Liebe Angelika

als ich das mit deinem Brustkrebs gehört habe, sagte ich sofort und laut ‚du verdammte Scheiße!' Ich weiß, dass man solche Worte nicht sagen oder schreiben darf, aber sie kamen von Herzen.

Die Frau, die der Gaby, mir und unzähligen anderen Menschen geholfen hat, hat nun selber so große Schwierigkeiten.

Ich weiß, dass es nicht einfach ist, sich selber zu helfen. Aber du musst es versuchen. Mir hat bei schlimmen Situationen immer mein Glaube geholfen und ich habe dann das wünsche-dir-was-Spiel, welches du mir beigebracht hast, gespielt. Also, wir wünschen uns von ganzem Herzen, dass du die Chemotherapien, die Bestrahlungen und das, was sonst so auf dich zukommt, gut überstehst und dass die noch fällige Operation den Rest des teuflischen Tieres, den Krebs entfernt. Mach die Augen zu, und denke an schöne Zeiten und Erlebnisse und habe immer den Wunsch, gesund zu werden. Ich habe gehört, dass dir dein Hund Bonny so viel Freude gibt und genau das hat er mir auch gesagt. Ich habe vorgestern einen Brief von deinem Hund erhalten, mit der Bitte, dir diesen vorzulesen, da er nicht in der Lage ist, dies selber zu tun.

Und hier ist der besagte Brief:

Hallo Angelika
Ich bin es, dein Hund Bonny;

Ich habe dem Walter eine wahre Geschichte erzählt und ihn gebeten, meine Hundesprache so zu übersetzen, dass du es auch verstehst.

Ich lebe nun schon einige Zeit mit Angelika in einem schönen Haus unter einem Dach. Jeder Wunsch wird mir von den Augen abgelesen und erfüllt. Wir tollen herum, ich bekomme meine Mahlzeiten und meinen Auslauf. Aber das Schönste für mich ist, wenn ich mich mit Mama abends zur Ruhe begebe.

Gut, es dauert etwas, bis ich Angelika gezeigt habe, dass sie zwar mehr wiegt als ich, aber dass ich doch den meisten Platz benötige. Aber wenn die Fronten geklärt sind, wird es ganz ruhig im Schlafzimmer und man hört nur noch das gleichmäßige Atmen von Mensch und Tier.

Und plötzlich, eines Nachts, wurde ich wach. Ich wurde von einem Geräusch geweckt, welches ich bisher nicht kannte. Die Wachsamkeit eines treuen Hundes besiegte meine Müdigkeit, die immer noch meine Beine lähmte.

Ich stand inzwischen auf dem Bett, um alle Sinnesorgane auf das zu konzentrieren, was ich soeben gehört hatte. Und da war es wieder, ein schabendes und quälendes Geräusch; furchterregend und sehr geheimnisvoll. Ich hatte mich ganz behutsam aufgestellt, um meiner Mama nicht den Schlaf zu nehmen. Ich glitt vom Bett herunter und zwar so leise, dass das Niederfallen einer Feder sich wie ein Erdbeben angehört hätte. Kleine Tröpfchen perlten aus meiner Nase, was wohl mit meiner nervlichen Anspannung zu tun hatte. In der Dunkelheit schlich ich zur Haustüre, schnüffelte und hielt meine Ohren ganz aufrecht.

Die Tröpfchen aus meiner Nase vergrößerten sich und ich spürte, dass da draußen etwas nicht stimmte. Ich hatte Angelika schon öfters beobachtet, wie sie die Tür geöffnet hatte. Ich versuchte mich krampfhaft zu erinnern, wie das ging. Beim siebten Versuch klappte es, und ich musste mich erst einmal ein paar Minuten hinsetzen, um mich auszuruhen. So leicht hatte das immer bei Angelika ausgesehen, aber jetzt ging es doch sehr viel schwerer. Gott sei Dank war meine Nase etwas trockener geworden und ich schaffte es, die Tür zu öffnen. Die nasskalte Luft von draußen trieb mir die Tränen in die Augen und ich hatte auch etwas Angst, alleine den Weg nach vorne zu gehen. Bisher war ich immer angeleint und unter dem Schutz von Angelika. Aber diesmal war ich allein. Also ging ich hinaus in die Dunkelheit, immer darauf bedacht, das gehörte Geräusch zu orten.

Nun hörte ich es wieder: es kam von einer Stelle ca. 100 Meter vom Haus entfernt und ich beeilte mich, dorthin zu kommen. Ich fühlte nicht den Regen auf meinem Fell und nicht den Schlamm, der sich zwischen meine Krallen festgesaugt hatte. Ich bog um die Ecke und sah ein Auto, viel größer, als das von Angelika war. Zuerst wollte ich an dem noch warmen Reifen meine Duftmarke hinterlassen, als ich schon wieder das Geräusch hörte, aber diesmal viel näher und hilfeschreiender als zuvor. Ich hatte inzwischen erkannt, dass es sich bei dem Auto um einen LKW handelte und dass das Geräusch von der Ladefläche stammte.

Was sollte ich tun? Zurück in mein warmes Bett, oder? Mir wurde klar, dass da jemand war, der meine Hilfe brauchte und so sprang ich kurzerhand auf die Ladefläche des LKW. Ich sah mich um, wenn man von sehen in dieser dunklen Nacht noch reden konnte. Aber ich hatte ja noch meine Nase, mit der ich Zentimeter für Zentimeter die Ladefläche durchschnüffelte.

Alte Gummireifen, Müll und Speisereste, die bei Weitem nicht so gut rochen, wie in meinem Näpfchen zu Hause bekam ich vor meine Nase, die inzwischen wieder tröpfelte. Und nach ca. 20 Minuten erspürte ich etwas, was ich bisher so nicht kannte.

Ich riss meine Augen auf, um zu begreifen, was ich dort sah. Das was ich bisher nur aus der Luft kannte und ich doch so gerne gejagt hätte, lag hier vor mir: ein kleiner Vogel. Er kauerte durchnässt auf der hinteren Ecke der Ladefläche und seine Äugelchen sagten mir, dass er keine Angst hatte, sondern etwas mit Kraft und Stolz verteidigen woll-

te. Und da sah ich auch, was dieser Vogel beschützte. Ein kleines Vögelchen kauerte unter seinem Gefieder und die beiden benahmen sich rein tierisch gesehen wie Vater und Tochter.

Ich wollte knurren, um denen zu zeigen, dass sie nicht alleine waren. Aber mit Rücksicht auf die Kleine tat ich es doch nicht. Ich legte mich vor die beiden, damit der inzwischen aufgetretene Sturm denen nichts antun konnte. Und plötzlich fuhr der LKW los und verschwand in der Dunkelheit der Nacht.

Als der Wagen anhielt, hatte ich die Essensreste, die ich noch zwischen meinen Zähnen hatte, an die Vögelchen verteilt. Meine Körpertemperatur hatte die beiden getrocknet. Und als ich ganz sachte aufstand, um keinen zu erschrecken, stiegen die beiden in den Himmel und piepsten mir ganz freundlich ein Dankeschön zu.

Ich sprang vom LKW, war nun ganz alleine und wusste nicht wo ich wahr. Ich irrte umher, und nach einigen Stunden erkannte ich wieder die Straße, wo ich mit Angelika Gassi ging. Aber wo war mein Zuhause, der gewohnte und geliebte Geruch von Angelika? Meine Pfoten schmerzten und bluteten von dem kilometerlangen Lauf, den ich seit dem Absprung vom LKW hinter mich gebracht hatte. Ich war so müde, dass ich nicht mehr weitergehen wollte. Meine müden Knochen konnten einfach nicht mehr. „Das ist das Ende", dachte ich mir, als ich mich in eine Pfütze legte und meine Augen schloss.

Ich öffnete meine Augen wieder, und es war warm und das geliebte Schnarchen von Angelika erreichte meine sensiblen Ohren. Ich blinzelte ein wenig nach links und rechts und bemerkte, dass mir alles sehr bekannt vorkam. Jetzt erst wusste ich, dass ich dies alles nur geträumt hatte und dafür war ich dem lieben Gott mehr als dankbar. In diesem Moment wurde mir wieder bewusst, dass es keinen schöneren Platz als bei Angelika gab. So wie ich die Vögelchen beschützt habe, so werde ich auch sie beschützen. Ich weiß, dass ich bei einem Krebs mit einem Mal knurren nicht auskomme. Aber du wirst sehen, wenn ich das noch mehrmals tue und dazu noch laut belle, wird der Krebs selber Angst bekommen und verschwinden.

Ich habe meine Mama sehr lieb.
Dein Bonny

So liebe Angelika, vielleicht helfen dir ja diese Zeilen, aber vor allen Dingen die Geschichte deines Hundes Bonny für einige Minuten, deine Probleme zu vergessen. Wir sind in Gedanken bei dir und du wirst sehen, dass es uns gemeinsam gelingt, den Krebs in die Wüste zu schicken, dort wo er keinen Schaden mehr anrichten kann.

Diese Worte taten mir sehr gut. Jeden Tag las ich die Geschichte und ich wusste, um mich herum gab es so viele Menschen, die mich mit positiven Gedanken begleiteten.

Da unter der Chemo nicht nur mein Körper litt, sondern auch meine Konzentration und das Gedächtnis schwächer wurden, fing ich an, jeden Tag mein Befinden aufzuschreiben.

Tagebuch meiner Chemotherapie

Ich hatte am 18.1.2012 die letzte Chemotherapie. Und am 28.2.2012 sollte dann die OP sein. Nach der letzten Chemotherapie führte ich ein Tagebuch:

21.1.21012

Ich habe einen Pilzbefall, der eine Entzündung in der Mundschleimhaut bis hinunter zum Darm verursacht. Ich habe einen Schmierseifen-Geschmack im Mund. Starke Kopfschmerzen. Magen- und Darmschmerzen. Erbrechen und Durchfall. Ich bekomme einen Kreislaufkollaps und das Wasser tropft mir aus dem Gesicht. Schwäche und Zittern am ganzen Körper. Knochenschmerzen mit Steifigkeit. Ich kann mich nicht mehr bewegen, bin kraftlos.

Ich kann nicht denken und mich nicht konzentrieren: Ich bin nervlich stark gereizt. Habe keine Energie, keine Kraft und fühle mich hilflos und ohne Hoffnung. Lieber Gott, entweder du holst mich jetzt, oder du lässt mich gesund werden, sind meine Worte an Gott. Die ganze Nacht habe ich wach gelegen. Fühle mich morgens wie gerädert, müde und zittrig.

22.1.2012
Ich ruhe mich aus, meditiere viel und höre CDs zum Entspannen. Ich komme aber gut über den Tag. Ich glaube, es geht bei mir einen Schritt vor und zwei Schritte zurück. Ich bin mal gespannt, wann ich im Ziel ankomme. Nachts schlafe ich vier Stunden, danach liege ich wach. In der Zeit, als Dieter noch lebte und ich mich überfordert fühlte, habe ich mir selbst zwei Lieder gedichtet und eine Melodie dazu gemacht. Und immer wenn ich alleine war, sang ich:

Ich lass' alle Sorgen los, alle Ängste gebe ich frei, alle Zweifel lass ich gehen und werde sie nie wieder sehen.

Oder ich sang:

Gott ist die Liebe, er lebt in mir. Gott ist die Liebe, er liebt mich sehr. Gott ist die Liebe, er sorgt für mich. Mit seinem Reichtum auf ewiglich. Gott ist die Liebe, tief in mir. Und dafür danke, ja dank' ich ihr.

Wann immer es mir gut ging, sang ich diese zwei Lieder und fühlte mich danach besser.

23.1.2012
Ich fühle mich trotz wenig Schlaf einigermaßen. Ich bin zittrig, konnte nichts essen, meine Zunge lässt keinen Geschmack zu. Der Pilzbefall macht mir schon ganz schön zu schaffen. Trotzdem führe ich Gespräche mit Gott. Ich bin allein und habe etwas sehr Kostbares, nämlich viel Zeit.

24.1.2012
Ich schlafe abends ein und liege seit 3:00 Uhr morgens wach. Mein Magen-Darm-Bereich machte Beschwerden. Musste öfters auf die Toilette und hatte am Morgen zwei Kg abgenommen. Ich fühle mich schwach und kann nichts essen. Trotzdem habe ich keine Angst. Ich habe mein Leben in Gottes Hand gelegt. Ich vertraue auf ihn. Wenn er mich zu sich holt, bin ich bereit. Wenn er mich am Leben lässt und ich gesund werde, weiß ich, dass ich noch eine Aufgabe zu erledigen habe.

25.1.2012
Ich werde zur Blutabnahme gefahren. Meine Leukozyten liegen bei 0,9, das ist sehr schlecht. Ich darf nicht unter Menschen, die Gefahr einer Infektion ist im Augenblick groß. Aber ich gehe mit Bonny Gassi und die frische Luft tut mir gut. Morgen muss ich wieder zur Blutkontrolle.

Ab mittags fühle ich mich besser. Der Pilzbefall im Mund lässt zwar keinen Geschmack auf der Zunge zu, aber ich fühle mich innerlich kräftiger und habe das Bedürfnis, etwas zu tun. Ich räume die Schubladen in der Küche auf.

26.1.2012
Morgens wieder zur Blutabnahme. Meine Leukozyten sind bei 0,9. Jetzt bekomme ich eine Spritze und Antibiotika. Trotz der schlechten Leukozyten fühle ich mich mittags geistig fitter und verspüre den Drang, in meinem Zimmer aufzuräumen. Um 17:00 Uhr Nebenwirkung der Knochenspritze: ich habe Krämpfe im Magen- und Bauch. Nehme Forteforcin (Cortison) und Imodium akut. Eine halbe Stunde später geht es mir besser. Um 20:30 Uhr gehe ich mit Bonny ins Bett und schlafe fast bis morgens 4:30 Uhr durch. Super.

Als ich aufwache, fühle ich mich dankbar und glücklich. Ich stehe auf und gehe in die Küche. Dort koche ich mir Haferflocken mit Milch, fülle sie in ein Schüsselchen, streue noch etwas Zimt und Zucker darüber und gehe damit wieder ins Bett. Bonny wartet dort schon auf mich. Denn er weiß, er darf zum Schluss das Schüsselchen ausschlecken.

27.1.2012
Wurde um 4:30 Uhr morgens wach und fühle mich dankbar. Es geht mir psychisch sehr gut und irgendwie weiß ich, dass meine Werte heute besser sein werden. Morgens zur Blutabnahme - und tatsächlich, meine Leukozyten sind bei 1,7. Ich freue mich riesig! Und danke Gott, denn jetzt kann ich am Sonntag zum Sechswochenamt für Dieter fahren. Das Antibiotikum hatte angeschlagen und ich durfte wieder unter die Menschen. Das gibt wieder Energie und Auftrieb. Am Abend habe ich etwas Bauchschmerzen. Ich nehme Forteforcin und es geht mir wieder gut.

28.1.2012
Ich hatte am Donnerstag und Freitag eine Knochenspritze bekommen. Die Nebenwirkung setzt ein. Kopfschmerzen, Pilzbefall im Mund und das geht durch die Speiseröhre bis in den Magen. Kein Geschmack. Das Gift im Körper wütet. Aber da muss ich die nächsten Tage durch. Ich habe schlaflose Nächte und fühle mich schwach.

29.1.2012
Dieter hat Sechswochenamt. Ich bin sehr schwach. Die Emotionen, Erinnerungen an meinen geliebten Mann erzeugen Trauer und Schmerz in mir. Ich fühle mich so elendig. Die Kirche ist kalt und ich friere. Ich denke die ganze Zeit: Ich bin froh, wenn ich wieder zuhause im Bett liege. Heute an diesem Sonntag bin ich nicht ich, sondern ein hilfloses, einsames Menschlein.

Ich fühle mich so allein auf dieser Welt. Dennoch akzeptiere ich meinen Zustand und sage mir, es wird bald alles wieder gut. So baue ich mich etwas auf, versuche es zumindest.

30.1.2012
Habe kaum geschlafen. Die Nebenwirkung hält noch an. Zittrig und schwach gehe ich mit Bonny Gassi, aber nur kurz. Abends habe ich einen Termin zur OP-Besprechung. Ich wurde sechs Monate lang mit acht Chemotherapien behandelt, um jetzt brusterhaltend operiert zu werden.

Da erfahre ich vom Arzt, dass die Brust doch ab muss. Danach folgen 35 Bestrahlungen und eine Hormontherapie. Kein Wort mehr von einer brusterhaltenden OP. Ich habe das Gefühl, ich bin durch ein Dach gefallen und habe den Boden unter den Füßen verloren.

Meine Seele schreit vor Hilflosigkeit. Aufgewühlt fahre ich nach Hause. Aber ich nehme mir vor, eine zweite Meinung einzuholen.

31.1.2012
Ich fahre zur Blutkontrolle, meine Leukozyten liegen bei 10,6, das ist sehr gut. Auch wenn ich mich zittrig und schwach fühle. Ein Gefühl

sagt mir, dass ich an mich glauben soll. Alles braucht seine Zeit, es wird alles gut. Mittags rufe ich im Krankenhaus an und bekomme einen Termin zur OP am 27.2.2012.

Ich notiere mir den Termin erstmals. Gaby hat in einem anderen Krankenhaus einen zweiten Termin gemacht und zwar am 2.2.2012 um 8:30 Uhr. Die Nebenwirkung der Knochenspritze hält diesmal länger an und so fühle ich mich auch, einfach schlecht. Ich habe keinen Geschmack, habe Schmerzen in Mund, Hals- und Speiseröhre. Der Kopf tut mir weh. Abends im Bett bete ich, dass die Nacht schnell vorübergehen möge.

1.2.2012
Ich habe die Nacht mehr geschlafen. Ich warte darauf, dass es mir endlich etwas besser geht. Ich fühle mich immer noch schwach, aber die Hoffnung stirbt zuletzt. Nur jetzt nicht aufgeben, ist mein Gedanke. Meine Zehennägel brechen ab wie Butter. Ich gehe damit gleich zu meiner Podologin und sie befreit mich vom Schmerz.

Etwas Schönes geschieht aber dennoch bei mir: Meine Haare fangen wieder an zu wachsen. Wie ein weicher Flaum. Ich fühle mit der Hand über meinen kahlen Kopf. Schön weich und ganz zart fühlt es sich an. Noch nicht viel, aber ein Anfang. Also geht es langsam bergauf.

2.2.2012
Es ist 8:30 Uhr, Gaby und ich warten im Krankenhaus auf die Oberärztin. Ich will eine zweite Meinung einholen. Die Oberärztin hat sich gründlich über meine Erkrankung informiert. Sie klärt mich auf, und ich erfahre mehr über meine Brustkrebserkrankung. Es ist bei mir ein aggressiver Krebs. Doch Gottseidank positiv an einer Stelle verbleibend. Aber auch sie sagte, die Brust muss abgenommen werden. Mir wird klar, dass das tatsächlich sein muss. Endlich weiß ich über mich Bescheid, und entscheide mich für das erste Krankenhaus. Am 27.2.2012 um 9:00 Uhr ist die OP.

Obwohl ich am 18.1.2012 die letzte Chemotherapie hatte, leidet mein Körper immer noch stark unter den Nebenwirkungen. Immer wieder habe ich Knochenschmerzen, im Gesicht, Stirn, Schläfen im Nacken, in der Brust, in den Knien. Mein Körper kämpft gegen das Gift, das ja die kranken Zellen zerstören soll, aber leider auch die gesunden Zellen angreift. Durch die Schmerzen ist mein Kopf manchmal leer, wie bei einem Blackout. Es ist einsam in mir und um mich herum. Dieter fehlt mir. Niemand, der mit mir weint und mit mir hofft.

Alle sprechen mir Mut zu, ich soll stark sein, ich soll zuversichtlich sein. Keiner konnte fühlen, was ich fühlte. Diese innere Leere. Mir fehlte Dieter. Er war die Hälfte meines Herzens. Er war nicht mehr da, und ich musste jetzt sehen, wie ich alleine zurechtkam. Ich musste kämpfen, ich musste dadurch. Ich wollte es schaffen. Ich sang meine Lieder, hörte eine Entspannungs-CD und spürte nach anderthalb Stunden wieder etwas Energie und Hoffnung. Ich fing an, Kleinigkeiten zu erledigen und hatte zwischendurch Freude im Herzen.

3.2.2012

Habe die Nacht kaum geschlafen. Trotzdem geht es mir etwas besser. Ich schaffe den Tag, und bin froh, als ich abends mit meinem kleinen Liebling Bonny im Bett liege. Der Spruch ‚ein Schritt vor und zwei zurück' ist für mich zu einem Begleiter geworden. Sprüche wie ‚mühsam ernährt sich das Eichhörnchen' oder ‚nur die Starken kommen in den Garten' sind eine tägliche Pflichtübung für mich. Ich klammere mich daran.

4.2.2012

Morgens bin ich schwach in den Knien. Ich meditiere, und nach zwei Stunden fühle ich mich etwas stärker. Durch die körperliche Schwäche schleppe ich mich über den Tag dahin. Aber im Geiste fühle ich mich fitter und das tut gut. Das macht mir wieder Hoffnung auf die Zukunft. Ich gehe dadurch, ohne Angst. Ich habe nichts mehr zu verlieren. Ich kann nur gewinnen sagt mir ein Bauchgefühl. Ich freue mich auf die OP. Denn danach gibt es einen neuen Anfang in meinem Leben.

5.2.2012
Habe 4 Stunden fest geschlafen und fühle mich heute besser. Ich freue mich auf meinen Bruder und Schwägerin, meine Nichte mit Freund, die mich besuchen kommen. Ich backe einen Butterkuchen und es wird ein schöner Nachmittag.

6.2.2012
Ich habe die Nacht über nicht viel geschlafen. Seelische und körperliche Schmerzen machen mich schwach. Trotzdem schaffe ich es, mittags meine Parkinson-Gruppe aufzusuchen. Zwei Jahre leitete ich als Regionalleiterin Bergheim/Erft eine Gruppe von an Parkinson erkrankten Menschen. Denen ich mitteilen musste, das ich mein Amt aufgrund meiner Erkrankung nicht mehr ausüben könne. Das Verständnis, das alle für mich aufbrachten, baute mich seelisch wieder auf.

7.2.2012
Habe letzte Nacht gut geschlafen und fahre mit dem Taxi zur Blutkontrolle. Das Laborergebnis ist gut, 6.6 sind meine Leukozyten. Ich spreche mit meiner Onkologin über meine OP und sage ihr, dass die Entfernung der ganzen Brust ansteht. Meine Ärztin ist erstaunt, und verspricht mir noch mal im Gremium des Brustzentrums über meinen Fall zu sprechen.

10.2.2012
Ich schlafe mit einer Unterbrechung von drei Stunden bis 6:30 Uhr durch und fühle mich innerlich stärker, einfach toll. Fahre zur Blutkontrolle und erfahre eine gute Nachricht. Meine Brust wird erhaltend operiert. Durch die Chemo ist der Tumor um 3 cm geschrumpft, und es wird bei der OP nur noch das restliche Krebsgewebe entfernt. Diese Nachricht gibt mir Auftrieb. Mein Durchhalten bei der Chemo hatte sich als erfolgreich erwiesen und alle Strapazen, die ich durchmachen musste, waren nicht umsonst.

11.2.2012
Habe gut geschlafen und bin mit Bonny Gassi gegangen. Ich freue mich auf die OP. Vor der Tür steht mein Auto, das lange Zeit nicht mehr bewegt wurde. Ich fühle mich stark genug, wieder einmal selbst zu fahren. Ich fahre mit dem Auto zum Einkaufen. Ein Gefühl von Freiheit und Freude stärken mich. Ich fahre wieder, und es geht gut.

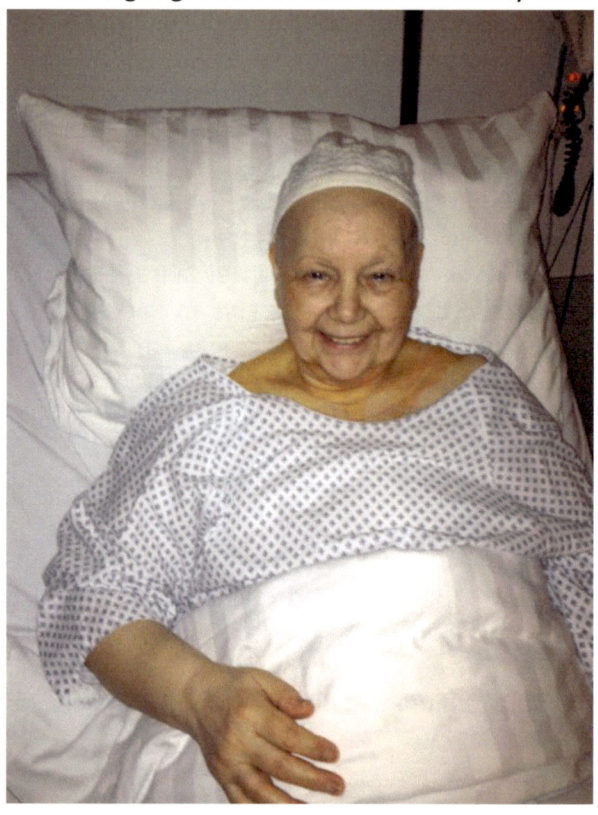

Es geht wieder bergauf. Innerlich fühle ich so viel Power, das ich in die Küche gehe und einen Käsekuchen für meine Schwiegertochter, die am nächsten Tag Geburtstag hat, backe.

Mit jedem Tag ging es ein kleines Stück weiter aufwärts. Es lag sicher auch daran, dass ich keine Chemotherapie mehr bekam. Und dass dadurch mein Körper endlich wieder die Zeit hat, sich zu erholen.

Ich freue mich auf meine OP, will es endlich zu Ende bringen. Wenn erst mal der Resttumor heraus geschnitten ist, können die Bestrahlungen dafür sorgen, dass sich keine neuen Krebszellen mehr bilden.

Die Operation ist gut verlaufen. Doch der Chirurg musste von der Brust mehr wegschneiden, um ganz sicher zu gehen. So lag ich nun nach der OP mit einer halben und einer ganzen Brust im Bett. Doch auch hierfür gab es eine Lösung. Der Arzt erklärte mir, dass man nach einem Jahr die gesunde Brust verkleinern und so der operierten Brust anpassen könnte.

Ich war damit einverstanden. Nur eins zählte in diesem Moment für mich: Der Tumor konnte restlos entfernt werden und es gab keine Metastasen. Ich war krebsfrei.

Nach nur fünf Tagen Krankenhausaufenthalt konnte ich wieder nach Hause. Zuhause angekommen musste ich mich zwar noch etwas schonen, aber ich konnte mich wieder an der Weg-werf-Aktion von Gegenständen beteiligen, die ich beim Umzug in die neue Wohnung nicht verwenden konnte.

Es war März, und im Juni sollte mein Umzug sein. Ein ganzes Haus zu räumen ist nicht einfach. In meiner neuen Wohnung brauchte ich aber nicht viel, und so verschenkte ich die Möbel und alles, was ich nicht mitnehmen konnte. Der Rest wurde eingepackt. Da ich mich innerlich stärker fühlte, traute ich mir zu, auch den Nachlass meines verstorbenen Mannes durch zu sehen. Unter anderem fand ich den Anfang eines Buches, an dem er geschrieben hatte. Ich las mir die Seiten durch, und was ich las, erschütterte mich. Er hatte so fest an seine Gesundung geglaubt. War so überzeugt, dass er wieder Auto fahren könnte und vieles mehr.

Dieter Görres: „Der Weg in die Hölle und zurück"

Sein Buch sollte heißen
„Der Weg in die Hölle und zurück"
Und er schrieb:

Dieses Buch widme ich meiner Frau, die während einer normalerweise als unheilbar bezeichneten chronischen Krankheit, dem Parkinson-Syndrom, zu mir gestanden und mich rund um die Uhr gepflegt hat. Ich danke aber auch meiner Familie und Freunden, für ihr großes Verständnis und ihre Hilfe bei der Bewältigung von Dingen des täglichen Lebens.

Das Parkinson-Syndrom ist eine langsam fortschreitende neurologische Erkrankung, die ein bestimmtes Gebiet des Gehirns betrifft. Das langsame und normalerweise unaufhaltsame Absterben von Zellen im Zentralgehirn verursacht einen Mangel des Botenstoffes Dopamin im Gehirn. Dieser Mangel führt zu den klassischen Symptomen der Krankheit. Die allgemein als Schüttellähmung bezeichnete Erkrankung ist die gekennzeichnet durch Bewegungsarmut, Zittern in Ruhe, Muskelsteifigkeit, Gang- oder Gleichgewichtsstörungen.

Warum und weshalb diese Erkrankung auftritt, kann von der Wissenschaft noch nicht beantwortet werden. Es handelt sich um eine heimtückische Krankheit, die erst erkennbar und damit diagnostizierbar wird, wenn ca. 70% der betroffenen Gehirnzellen zu Grunde gegangen sind.

Der typische Verlauf der Parkinsonkrankheit drückt sich durch Missempfindungen in den Gliedern oder im Nacken aus, Müdigkeit, Depressionen sowie Erektionsstörungen beim Mann können erste Symptome sein. Die Krankheit beginnt häufig schleichend mit dem Zittern der Hand auf einer Körperseite. Später kommen Steifheit, Langsamkeit und Ungeschicklichkeit der betroffenen Seite hinzu. Es entwickeln sich dann auch Gang- und Gleichgewichtsstörungen mit häufigen Stürzen.

Nach und nach wird das Gehen schwerer und die Schritte werden kleiner, die Sprache wird leiser und immer undeutlicher. Zum Schluss können viele Betroffene sich noch nicht einmal mehr die Zähne putzen.

Wenn man diese Diagnose bekommt, fällt man in ein tiefes Loch. Dieses Loch wird noch tiefer, wenn man sich mit der Krankheit auseinandersetzt und unabdingbare Folgen auf sich zukommen sieht. Es bleibt lediglich die Frage: Aufgeben oder kämpfen? Ich habe mich für den Kampf entschieden und dieses Buch über mein Leben mit dem Parkinson geschrieben. Ich habe meine eigene Krankheit verarbeitet und gewonnen. Denn trotz allem das Leben ist lebenswert!

Der Beginn

Er, - das ist mein bester Freund Hans, stand vor der Ausgangstür der Praxis seines Neurologen, der ihn schon seit Jahren behandelte. Dieselbe Türe, vor der er damals stand, nur von der anderen Seite, als in ihm der Verdacht aufkeimte: Mensch du hast Parkinson genau wie Opa und Mutter! Er wusste nicht wie er dorthin gekommen war, hatte er doch die Worte von seinem Neurologen im Ohr. Sie sind gesund! Alle Untersuchungen der letzten Tage und Wochen waren negativ. Ihre Krankheit ist nicht mehr feststellbar, ja sie können sich wieder dem Leben zuwenden. Er schaute ihn an und begriff nicht, was der Arzt gesagt hatte.

Erst als er seine Hand auf der Schulter spürte und er zu ihm mit strahlendem Gesicht und leuchtenden Augen sagte: „Fahren Sie nach Hause, Mann, und machen Sie mit Ihrer Frau ein Fest, feiern Sie Ihre Gesundheit!", erahnte er, dass es auch einen Weg zurück aus der Hölle geben kann, denn in der war er gefangen gewesen.

Es war eigentlich ein Tag wie alle anderen und doch war er irgendwie anders. Da er seit Jahren kein Auto mehr fuhr, war seine Frau zur Haus-Chauffeurin geworden. Nicht nur, dass sie viele Sachen regelte, sie erledigte auch alle notwendigen Fahrten. Normalerweise hätte sie ihn zum Arzt gefahren, aber er sagte zu ihr: „Seit einiger Zeit fühle ich mich so gut, ich habe so große Lust darauf wieder Auto zu fahren, dass ich es noch einmal probieren will und selbst alleine zum Arzt fahre", worauf sie natürlich widersprach: „Und wenn etwas passiert, egal wer schuld ist, hast du den Salat und darfst am Ende auch noch für den ganzen Schaden aufkommen." Aber er setzte sich durch und fuhr alleine.

Da stand er also nun, nachdem er aus der Türe getreten war und hätte sich jetzt glatt eine Zigarette anzünden können, obwohl er doch seit 20 Jahren nicht mehr rauchte. Trotz einer übermächtigen Freude in ihm, die ihn fast zum Platzen brachte, nicht zu Hause anzurufen und abgesehen davon, dass er sein Handy vergessen hatte, wollte er diese Nachricht seiner Frau persönlich überbringen.

Erst einmal über alles nachdenken, war jetzt seine Idee. Und so setzte er sich in das Café direkt neben dem Eingang seines Neurologen und bestellte sich einen Cappuccino. Nach dem ersten Schluck löste sich in ihm ein ungeahnter Krampf. Tränen schossen ihm unaufhaltsam in die Augen und er weinte, weinte mit allem was sein Herz hergab, bis zur Erschöpfung. Die anderen Gäste des Cafés schauten ihn verwundert und ratlos an, ja waren regelrecht erschrocken.

Nachdem er sich einigermaßen beruhigt hatte, gab er ihnen eine kurze Erklärung. Das ließ sie verstehen und sie sprachen von einem Wunder, von einem wahren Wunder. Man beglückwünschte ihn von allen Seiten, sie sprachen wild durcheinander, einige küssten ihn sogar vor Freude überschwänglich ab, ohne ihn persönlich zu kennen.

Die erste Gratulationsrunde hinter sich, setzte er sich wieder hin, bestellte erneut einen Cappuccino und nahm ein Teilchen dazu. Während er langsam und genüsslich davon aß und den Cappuccino schlürfte, liefen seine Gedanken rückwärts – und immer weiter rückwärts.

Wie ein Hund beim Spaziergang mal da und dort schnuppert und stöbert, sprangen sie mal da und dort hin und es kamen ihm geradezu unheimlich viele Begebenheiten, Erlebnisse und Gefühle in den Sinn, von denen er heute in seinen Erzählungen sagen musste: hätte er damals schon gewusst, dass sie höchstwahrscheinlich mit dem Parkinson zusammenhingen, hätte er sicher einige Dinge anders gesehen bzw. anders gemacht.

Wenn man am Beginn einer Krankheitskarriere steht, kann man zwangsläufig noch nicht wissen, wie alles anfängt. Wie die ersten Symptome sich zeigen, und wie das eine dem anderen folgt. In die Tiefe gehende Literatur findet man nur wenig und eher auch zufällig. Wer weiß schon, dass starke Schmerzen in den Schultergelenken, bei denen keine Behandlungserfolge ersichtlich werden, erste Anzeichen für einen beginnenden Parkinson sein können?

Oder dass bei Männern auftretende erektile Dystonie (Potenzstörungen) einen beginnenden Parkinson bedeuten kann.

Sind schon Bewegungs- gepaart mit Ruheschmerzen eine ganz böse Sache, die erektile Dysfunktion zerreißt einem jedoch die Seele! Und schon hier beginnt eigentlich der Weg zur Hölle!

Wenn man dann wirklich erkennt, wo er beginnt. Diese Krankheit fängt nämlich genau so heimtückisch an wie der Parkinson selbst. Erst passiert es gelegentlich, dass der Kleine sich zurückzieht, dem misst man noch keine Bedeutung bei, das passiert schon mal sagt man sich. Dann passiert es öfter und öfter, bis man sich bewusst wird, was da vor sich geht.

Nicht genug, dass man mit den Unzulänglichkeiten seines eigenen Körpers zu kämpfen hat, dass unser als bestens Stück bezeichnetes Geschlechtsteil seinen natürlichen Dienst versagt. Da kann der Mann seine Verantwortung für das sexuelle Wohlbefinden seiner Sexualpartnerin nicht mehr in adäquater Weise erfüllen, obwohl die ganz starken Gefühle wie Lust und Verlangen nach Zärtlichkeit weiterhin das allumfassende Gefühl der Liebe darstellen.

Dann stürzt er in ein tiefes Gefühlschaos, das aus Scham und voller Selbstzweifel nicht aufgearbeitet, sondern tief in sich vergraben wird. Der eine nennt es Unterbewusstsein, Unbewusstes, oder Herzenskammer. Er nannte es das stille Kämmerlein, in das alle Seelenverletzungen, ja der ganze unausgesprochene Müll eines Lebens gelangen.

Sie werden sorgsam aufgehoben, für die Zukunft registriert und dann zunächst verdrängt. Ohne jemals an das Ohr des Partners bzw. Partnerin zu gelangen, es sei denn, es gibt offenen Streit mit Verletzungsabsicht. Dann wird die Registratur des stillen Kämmerleins geöffnet und darin liegender Lebensschrott hervorgeholt, um ihn als Waffe zu verwenden.

Solche Seelenverletzungen führen dann meistens zu Erkrankungen aller Art, Erkrankungen, die auch Schlüssel sein können für das genetische Schloss des Parkinson.

Ich weiß nicht, was der geneigte Leser oder die geneigte Leserin dieses Buches alles so anstellt, um den Widerwärtigkeiten unseres Lebens zu begegnen, sich eben das Leben erträglicher zu machen.

Mein Freund jedenfalls hat sich ein stilles Kämmerlein erschaffen, um besser über den Tag zu kommen. Dieses stille Kämmerlein ist für ihn zum Wichtigsten, ja zum allerheiligsten Tabernakel seiner Seele geworden, mit vielen Türchen. Hier hinein hat er all die bösen Dinge unseres Lebens gesperrt, die er entweder in dem Augenblick nicht zu entscheiden in der Lage war, oder nicht entscheiden wollte. All jene Dinge, die ihm wehtaten, ohne dass er sich dagegen wehren konnte. Aber auch all jene Dinge, die Freude, Wohlbefinden und Glück bedeuten.

Voller Melancholie ließ er also seine Gedanken rückwärts laufen und wie Hunde beim Spaziergang herumschnüffeln, dabei stöberten diese Gedanken so manches aus der Vergangenheit auf und fingen an zu bohren und zu bohren, kamen an das stille Kämmerlein. Hier vermutete er eine Schlüsselfunktion für die Entstehung seines Parkinson.

Man fragt sich, was denn so alles da drin ist, in diesem Kämmerlein, um so viel Schaden zu stiften. Was sich hier in Jahrzehnten so alles, positiv wie negativ angesammelt hat, merkt man erst so richtig, wenn man darüber nachdenkt, was für die Zukunft wichtig ist und das mit den beteiligten Personen, Ehefrau, Kindern, Eltern, Geschwistern, sowie allen anderen Menschen, von denen allen wir da und dort etwas für das stille Kämmerlein bekommen, bespricht und bereinigen MUSS!

Ansonsten werden diese tiefen Erinnerungen zur Last, unter Umständen zur krankmachenden Last. Man sollte das immer sofort und ohne Umschweife erledigen, dachte er bei sich.

Hans trat in Gedanken näher und bemerkte über einem der Türchen ein Schild. „KINDHEIT & JUGENDZEIT", über dem nächsten Türchen ein Schild „ERSTE EHE & KINDER". Da fiel es ihm wie Schuppen von den Augen. „Ich habe dieses stille Kämmerlein" ja schon einmal gereinigt und den ganzen menschlichen Müll und Abfall entsorgt.

Die Schläge seines Vaters, der in entwürdigender Manier bei Strafaktionen wegen Kleinigkeiten immer in das Gesicht schlug. Der einen Besenstiel auf ihm zu 20-Zentimeter-Stücken zerkleinerte – er hatte ihm diese Schläge verziehen, ja regelrecht entsorgt - oder die gewaltige Ohrfeige, mit der er die 21-jährige Schwester von Hans empfing, als sie kurz nach 22 Uhr nach Hause kam.

Ebenso die Schläge von seinem Lehrer mit der Haselnussrute über den gespannten Hosenboden, so dass die Striemen aufplatzten. Dabei hätte er ihm den ersten Schlag noch zu geben – so seine Worte damals. Auch ihm hat er verziehen.

Sogar seiner Mutter, die ihm gegenüber dem Vater nicht beigestanden hatte, im Gegenteil, durch Klagen über Hans den Vater in Wut brachte und so zu mancher Tracht Prügel veranlasste, hatte er verziehen.

Den ganzen Haufen von Einzelheiten einer Eltern/Kind-Beziehung hatte er entsorgt, zwar einiges erst in späteren Jahren, einiges auch erst kürzlich im nun schon reifen Lebensalter. Übrig geblieben waren nur die „Überschriften" und die waren zwar Erinnerung, taten aber nicht mehr weh. Man hat den Staub an der Wand noch, wo die Schilder gehangen hatten, jetzt standen sie in einer dunklen, nicht mehr beachteten Ecke.

Was in diesem Teil des „stillen Kämmerleins" noch mit strahlender Leuchtkraft zu sehen war, waren seine Kinder. Zwei blonde Mädchen, die sein Herz mit Liebe erfüllten. Er sah noch genau vor sich, wie die Hebamme ihm seine Erstgeborene, auf die er sich so gefreut hatte, zum ersten Mal durch eine Glasscheibe zeigte.

Er kippte vor lauter Aufregung fast aus den Latschen. Da war nun dieses kleine Menschlein. Es war seine Tochter! Er brauchte eine ganze Weile, um zu begreifen und zu akzeptieren, dass es sein Kind war. Da stand es aber auch 100-prozentig fest. Diese tiefe Zornesfalte über ihrer Nasenwurzel, die sichtbar wurde, als sie anfing zu schreien.

Er legte seine ungewöhnlich große Hand an die Scheibe, als ob er sagen wollte: unter dem Schutz dieser Hand wirst du immer stehen. Er geleitete sie durchs Leben, bis er sie an ihrer Hochzeit in die Hände ihres Mannes entließ. Dazu hatte er ein sehr bekanntes Lied, nämlich „My Way", umgeschrieben und seinen Töchtern als Leitlinie bei ihren jeweiligen Hochzeiten mit auf den Weg gegeben. Das war ihm so gut gelungen, dass er sich den Inhalt auch für sein weiteres Leben zu eigen machte. Obwohl sein bisheriges Leben durchaus in vernünftigen Bahnen verlaufen war.

*Du gehst den Weg
ab nun zu zweit gemeinsam
Du weißt, Dein Lebensweg wird manchmal krumm
und manchmal eben,
dass Du aber immer grad steh'n kannst,
so leb' dein Leben.*

*Dass Du dann sagen kannst,
ich hab getan, was manchmal sein muss,
ich hab gelebt, geliebt, getanzt,
jedoch es ist nicht viel,
was ich bereuen muss.
Ich nahm, was mein war,
doch ich hielt die Hand auf, auch zum geben,
dass Du das sagen kannst,
so leb' Dein Leben.*

*Ich weiß, es gibt so manches Mal
nach einem Hoch ein tiefes Tal
dass du dann nicht wie oft umsonst gehofft,
die Liebe fühlst und nicht verspielst,
Dein Herz befragst und nie verzagst,
so leb' Dein Leben.*

*Dass du dann sagen kannst,
ich hab nicht auf Sand gebaut
und auch durchschaut was zu durchschauen war.
Ich hab nicht bezahlt,*

*wo andere für geprahlt, wenn ich down war
und heut schau ich zurück
ob man's verzeihen kann und vergeben,
dass du das sagen kannst,
so leb' Dein Leben.*

*Denn was wär' ein Mensch, der keiner ist
der nicht als Mensch er selber ist,
der niemals weint, der niemals lacht,
der niemals lügt, nie Fehler macht,
der nie gesteht, es ist zu spät,
Dass du das sagen kannst,
so leb' dein Leben.*

Seine Gedanken wanderten zur Geburt seiner Zweitgeborenen, die von der gleichen Hebamme wie ihre Schwester getragen und ihm wieder durch die Scheibe gezeigt wurde. Sie war der älteren Schwester wie aus dem Gesicht geschnitten, aber doch ein ganz anderes Menschlein. Feingliedrig und zierlich, konnte – und kann sie dennoch stur wie ein Maultier sein.

Diese beiden waren trotz aller Gegensätze und daraus entstandener Streitigkeiten der Sonnenschein in seinem Herzen. Dieser Sonnenschein reichte aber leider nicht aus, um die Ehe mit seiner ersten Frau fortzusetzen.

Die Eifersuchtsdramen seiner damaligen Frau ließen ihn vor mehrtägigen Dienstreisen, die er hätte machen müssen, zurückschrecken, denn sie brachte es fertig, dass sie sich bei günstiger Gelegenheit nachts auf der Straße auf die Erde warf und schrie, als ob er sie schlagen würde, um vorbeigehende Menschen zu beeinflussen. Die hunderte quälenden Streitgespräche genauso, wie die vielen unter Alkohol stehenden Diskussionen.

Die vielen Lügengeschichten, die sie über ihn so überzeugend verbreitet hatte, so dass die Menschen zunächst glaubten, er sei das Scheusal par Excellence und sich von ihm distanzierten. Oder ihre über ihn verhängten Flüche und den Voodoo-Zauber, den Versuch, ihren

Spruch: „ich mach dich fertig" umzusetzen. All das hatte er ihr verziehen und das aus dem „stillen Kämmerlein" entsorgt.

Das Türchen schloss sich und es öffnete sich das große Tor eines neuen Lebens. Er war beruflich in einem großen privaten Konzern als kaufmännischer Leiter tätig. Er suchte für eine seiner Abteilungen die Buchhaltungsleiterin, die auch gleichzeitig seine Assistentin sein sollte. Es gab so ca. 30 – 35 Bewerbungen. Die meisten ungeeignet. Neun Bewerberinnen wollte er einladen, wobei sich von der Papierform her fünf Bewerberinnen für die engere Wahl qualifiziert hatten.

Nachdem alle ersten Bewerbungsgespräche geführt waren, lud er die Nummer 1 zu einem zweiten Gespräch ein, bekam von dieser Dame jedoch eine Absage. Das störte ihn aber wenig, dachte er doch: „Das ist egal, du hast ja noch vier weitere Bewerbungen, bei denen die Kandidatinnen für den zu besetzenden Posten in Frage kommen" und lud Nummer 2 zum zweiten Gespräch ein. Nachdem die Konditionen vereinbart waren, die Bewerberin dem Geschäftsführer vorgestellt war, wurde der Anstellungsvertrag unterschrieben.

Sie begann dann ihre Tätigkeit und wurde zunächst mit den allgemeinen Arbeiten vertraut gemacht. Ihre hauptsächliche Einarbeitung sollte allerdings durch ihn persönlich erfolgen, wozu sie in seinem Büro ihren vorläufigen Arbeitsplatz hatte. Sie sollte seine Denk- und Arbeitsweise genau kennenlernen, um die Anforderung einer Assistentenstelle ausfüllen zu können.

Sie lernte schnell, seine Denkweise zu übernehmen und er konnte ihr mit der Zeit wichtige Aufgaben übertragen. Sie war nicht nur intelligent und einfühlsam. Sondern auch eine Augenweide für jeden Mann. Mit der Zeit fühlte er eine innige Wärme in seinem Herzen, wenn er sie sah.

Es kam die Weihnachtsfeier und an diesem Abend geschah es. Er schaute sie immer wieder an und seine Blicke wurden erwidert. Sein Herz pochte wie wild. Als er sie nach Hause brachte und sich verabschiedete, konnten sie nicht mehr an sich halten, ihre Lippen näherten sich ganz langsam, wie in einem Film, und sie küssten sich. Der Blitz schlug bei ihm ein und erzeugte ein heißes, nicht mehr zu kontrollie-

rendes Feuer, Glocken läuteten in seinem Kopf und er bekam keine Luft mehr.

Genau so erging es ihr, und sie wussten: wir sind füreinander bestimmt. Es entbrannte eine Liebe, die sich in ihrem Ausmaß, ihrer Heftigkeit und ihrer Größe zum Engel erhob. Sie wurde unsterblich. Jeder Blick war gleißendes Feuer, jede Ihrer Berührungen war ein Brand.

Sie bewegten sich jenseits jeder normalen Betrachtungsweise und so wurde diese Frau zu der ganz großen Liebe seines Lebens. Ein Leben ohne sie konnte und wollte er sich nicht mehr vorstellen. Er hatte das Gefühl, auf einer breiten, wunderschönen Straße direkt in den Himmel zu gelangen.

Sie wanderten schon einige Jahre auf dieser Straße Firma, in der sie sehr glücklich waren. Ihre gegenseitige Achtung und Anerkennung vor einander ließen sie harmonisch miteinander auskommen. Sie waren nach wie vor sehr verliebt ineinander.

Dann machte er sich selbständig als Wirtschaftsberater und nahm natürlich seine Frau mit. Sie war wieder seine rechte Hand und arbeitete mit ihm in ihrem gemeinsamen Büro. Auf ihren Ehrgeiz und zuverlässige Mitarbeit bauend, konnte er mehrere Großprojekte entwickeln.

Sehr oft las ich mir seine letzten Worte durch. Und ließ auch die Erinnerung an die schönen Zeiten, die wir gemeinsam verbrachten, in mir wach werden. Mein Herz verkrampfte sich und ich weinte, weinte und weinte. Wir hatten noch so viele Träume, die wir im Alter verwirklichen wollten.

Dieses angefangene Buch war wie ein letzter Gruß von ihm und wieder war ich dankbar für die vielen und schönen Jahre, die wir gemeinsam gemeistert hatten. Er hatte im Laufe der Jahre Vertrauen zu mir aufgebaut und mir viel aus seinem Leben erzählt.

Trotzdem hatte er tief in seinem innersten noch viel für sich verborgen gehalten. Ich fragte mich, ob ich genug für ihn getan hatte. Hätte ich noch mehr auf ihn eingehen müssen? Die Antwort kam aus meinem Inneren. Nein, du hast alles, was in deiner Macht stand, für ihn getan. Er war auf einem Pfad, der aus dem Leben herausführte und hier hatte er sich entschieden, diesen Pfad alleine zu gehen.

In mir war die Gewissheit: er ist für mich gestorben. Am Anfang seiner Erkrankung war er bereit zu kämpfen, denn er wollte leben, so sehr leben. Er wollte aller Welt zeigen, dass es möglich ist. Ja er wollte leben und er wollte wieder gesund werden. Doch als er dann von meiner Krebserkrankung erfuhr, fiel er in ein Loch und hörte auf zu kämpfen.

Er sah auch, dass ich mit meiner Erkrankung lange Zeit nicht mehr in der Lage war, ihn zu pflegen. Er müsste zur Übergangspflege in ein Pflegeheim. Aber das konnte er sich nicht vorstellen. Das, was er immer befürchtet hatte, sollte nun eintreten. Irgendwann hatte er wohl die Entscheidung getroffen, dass er gehen würde, um mir die Chance zum Überleben zu geben. Über das uns verbindende unzertrennliche starke Band schickte er mir Energie. Energie, die mich von Tag zu Tag stärker werden ließ. Er kämpfte jetzt für mich von einem Ort aus, an dem es ihm gut ging. Ich spürte es, denn mit jedem Tag fühlte ich mich besser.

Ich freute mich schon auf die Bestrahlungen. Sie sollten das Ende meiner Behandlungen sein. In mir kam hin und wieder schon mal der Gedanke: warum lebst du weiter? Es musste doch einen Grund dafür geben. Warum lebe ich und nicht er? Aber ich bekam keine Antwort darauf. Auch in der Zeit der Bestrahlungen hatte ich keine Angst. Ich ließ alles mit mir geschehen. Im Gegenteil, so oft es meine körperliche Verfassung zuließ, war ich fröhlich und motivierte auch andere.

Der Frühling kam, und das Haus war fast leer geräumt. Es machte mir nichts aus, mich von den Sachen zu trennen. Im Gegenteil, ich war froh, vielen Menschen mit den Möbeln helfen zu können. Und ihnen eine Freude gemacht zu haben. Der Umzug rückte immer näher. Meinen tollen Kindern war nichts zu viel und sie legten sich ins Zeug, um alle meine Wünsche zu erfüllen. Es war mir, als würde Dieter mit mir umziehen. In dieser Zeit sprach ich viel mit ihm.

Mein Sohn Ralf und Schwiegertochter Marlies, bei denen meine neue Heimat sein würde, ließen die Terrasse von meiner neuen Wohnung in einen Wintergarten umbauen. Vom Wintergarten aus hatte ich einen schönen Ausblick in den Garten. Und die Böden der Innenräume wurden gefliest. Ich hatte es mir gewünscht. Es wurde fast alles wie in meinem alten Zuhause, nur kleiner und handlicher.

Kurz vor meinem Umzug, - es war an einem Sonntagmorgen, hatte ich das Bedürfnis, meinen Kindern zu schreiben und ihnen Danke zu sagen.

Ein Neubeginn

Und so schrieb ich einen Brief an meine Kinder:

Meine lieben Kinder, es ist Sonntagmorgen und ich habe die Energie zu schreiben. Trotz Regen und Kälte geht es mir gut. Das habe ich zum großen Teil euch, meinen lieben Kindern zu verdanken. Ich bin Gott dankbar, dass er mich mit euch so reich beschenkt hat. Ich weiß um die vielen Ängste und Sorgen, die ihr um mich hattet. Wenn ich heute die Bilder von mir anschaue, die ihr in meiner schwersten Zeit gemacht habt, verstehe ich eure Not. Ich sehe die Verzweiflung in euren Augen, weil ihr mir nicht helfen konntet. Aber ihr wart da, wenn ich euch brauchte. Ihr wart mir in dieser schweren Zeit eine große Stütze. Ihr habt mich nicht zur Heilung gezwungen. Sondern gabt mir die Zeit, die ich brauchte, in Ruhe gesund zu werden und dafür danke ich euch. Eure euch liebende Mutter.

Nach dem ich diesen Brief geschrieben hatte, ging ich in mich und dachte über die letzten Monate, Wochen, Tage und Nächte nach.

Wie oft hatte ich geweint, weil ich mich so allein fühlte. Hoffnungslosigkeit und Resignation waren meine täglichen Begleiter. Diese Gedanken und vor allem diese miesen Gefühle wollten mich kleinkriegen. Diese Gefühle taten alles, um mich zum Aufgeben zu zwingen.

Aber es gab in mir auch noch ein wunderbares Gefühl. Es strömte ganz tief in mir, ein warmes beruhigendes, sicheres Gefühl. So als läge ich als Baby beschützt im Arm meiner Mutter. Dieses Gefühl half mir, immer wieder aufzustehen und weiter zu kämpfen. Heute weiß ich, dass diese Energie, die über ein unzertrennliches Band, das zwischen mir und Dieter besteht, in mir fließt. Sie hilft mir nicht nur mein Leben wieder in den Griff zu bekommen, sondern lässt auch die Kraft in mir wachsen, Ziele ins Auge zu fassen und diese Ziele auch zu erreichen.

Oft habe ich in der schweren Zeit an der Existenz Gottes gezweifelt. Habe ihn immer wieder gefragt: Warum quälst du uns Menschen? Heute weiß ich, Gott quält keinen. Wir Menschen selbst sind es, die sich quälen, weil sie nicht lernen wollen. Die letzten Monate, Wochen, Tage und Nächte, waren Prüfungen für mich. Ich lernte mich selbst erkennen und war auch bereit, meine eigenen Schwächen zu sehen. Da waren die Ängste, die mich ein Leben lang begleitet hatten. Die immer zur Stelle waren, wenn es um Entscheidungen ging und ich mich nicht traute, auf meine innere Stimme zu hören.

Ich erkannte meine Schwäche, mir ständig um alles Sorgen zu machen und ich hatte mir im Leben angewöhnt, alles anzuzweifeln. Um hinterher nicht enttäuscht zu werden, so glaubte ich es jedenfalls. Ich erkannte aber auch das Selbstmitleid in mir, das nur dazu diente, dass ich mich noch schlechter fühlte. Den falschen Stolz, den ich mir zugelegt hatte, um von meiner Umwelt nicht verletzt zu werden. Alle diese Gefühle hatten nur die einzige Aufgabe: meine schwachen Selbstwertgefühle auszugleichen. Und mir wurde klar, dass meine Schuld- und Pflichtgefühle zu meiner Erkrankung beigetragen hatten.

Nun ich war endlich bereit, diese Schwächen zu bekämpfen und abzulegen. Mir war klar: entweder ich schaffe es, dann werde ich gesund und stark, oder ich schaffe es nicht und sterbe an meinen Krebs. Wie bei einem Computer gab es für mich nur An oder Aus.

So ist der Drang, aber auch die Kraft in mir, mein Buch zu schreiben immer stärker geworden und ich werde, wenn ich in meiner neuen Wohnung wohne, mit dem Buch zu schreiben beginnen. Ich freue mich unbändig darauf, alles aufzuschreiben. Von einem Weg, der mich durch die Hölle führte, den ich trotz vieler schlimmer Ereignisse ohne Ängste ging und der mich dann wieder auf die Straße des Lebens brachte. Ein Leben, das für mich Liebe und Freude bereithält.

Ja, ich hatte oft aufgegeben, und war bereit, von dieser Welt zu gehen. Doch etwas in mir ließ mich nicht sterben, sondern zwang mich, am Leben zu bleiben. Ich weiß, dass ich noch Aufgaben in meinem Leben habe. Ich werde nicht nur dieses Buch zu Ende schreiben. Ich will und werde meine Erfahrungen weitergeben an Menschen, die meine Hilfe brauchen.

Viel Zeit ist inzwischen vergangen. Ein Jahr nach der ersten Operation wurde ich ein zweites Mal operiert. Die gesunde Brust wurde verkleinert und so der ehemaligen kranken Brust angepasst.

Ich hatte einen wunderbaren Chirurgen, der nicht nur meine Brust korrigierte, sondern mir auch innerlich ein Gefühl gab, wieder ein ganzer Mensch zu sein. Und zwar ein vollständiger, lebensfroher Mensch.

Ja! Und heute bin ich mir sicher: Er starb, damit ich lebe. Sein Opfer für mich zu sterben, darf nicht umsonst gewesen sein. Und ich werde meine Aufgaben, die noch vor mir liegen, mit Liebe und der Energie, die er mir durch das unzertrennliche Band, das zwischen uns besteht, leitet, erfüllen.

Danksagung

Dass ich trotz der oft eingeschränkten körperlichen Verfassung dennoch immer wieder in der Lage war, dieses Buch zu schreiben, verdanke ich zuerst meinem verstorbenen Mann, der mir die Energie zum Schreiben aus seiner Welt zukommen ließ. Ich danke meinen Kindern, die stets mit Fürsorge und Geduld für mich da waren und es auch heute noch immer sind. Ich danke meiner Familie, die, wenn ich sie brauchte stets zur Stelle ist. Ich danke Walter und Marlies für ihre Unterstützung in der Pflege um Dieter. Ich danke Eddy für seine Bereitschaft, Dieter bei seinem Projekt im EDV-Bereich zu unterstützen. Ich danke Doris und Werner für ihre Hilfe an Dieter und im Haus. Einen großen Dank an unsere Freunde und Nachbarn, die stets zur Hilfe bereit waren. Ich danke allen meinen Patienten für ihr Verständnis und Mitgefühl das sie mich wissen ließen in meiner schweren Zeit. Ich danke meiner Frauenärztin Frau Dr. med. Sanja Draschner, die mich die ganze Zeit über betreute und nicht aufgegeben hat.

Ich danke meiner Onkologin Frau Dr. med. Katja Ziegler-Löhr, die mir mit ihrem Team eine geborgene Atmosphäre in ihrer Praxis vermittelte, und mir so die Chemo-Behandlungen erleichterte. Ich danke dem Chefarzt des Brustzentrums Holweide, Priv. Doz. Dr. M. Warm und seinem Team, für die absolut gute Leistung, die sie an mir erbracht haben. Ich musste die schwere Zeit allein durchstehen, aber ich wurde getragen von tausenden positiven Gedanken, die auch meine Heilung beschleunigten. Dafür danke ich allen Menschen, die an meiner Seite waren in Gedanken und auch körperlich.